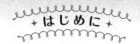

はじめに

あなたは自分の名前を好きですか？

大好きという人もいれば、あまり好きじゃないという人もいるでしょう。

名前は生まれたときにすぐにつけられ、知らないうちにその名前になっていて、自分で選べるものではありません。

でも、名前というのは、偶然、その名前がついたのではなくて、みな意味があってついています。あなたの名前はあなたがひきよせたものであり、あなたの人生と大きくかかわっています。

名前は、単に人を識別するためのものではなく、たくさんの暗号がかくされています。こういう名前だと、こんな人生、こんな性格、こんな才能というような、その人のもっているさまざまなものをしめしているのです。

手相や人相とおなじように、名前にもエネルギーの形、相があり、それを読みとくのが名前占いです。

名前のみかたには、大きくわけて、名前を構成している「音」による占いと、名前に使われている文字の「画数」による占いがあります。一般的に知られているのは画数のほうですが、じつは音による占いも、よくその人のことをあらわしています。人生の方向性、災厄、ひきよせる人など、そのすべてをあらわしているのです。

さあ、あなたの名前、そして、お友だちみんなの名前をチェックしてみてください。まったく新しい発見があるでしょう。

宮沢 みち

目次

第1章 名前の音で占うあなたの性格 …………5

名前はかけがえのないプレゼント …………… 6
名前のもつ音のひびき ……………………… 8
▶ 音のひびきの調べかた …………………… *10*

あ・い…*12*	う・え…*13*	お・か…*14*
き・く…*15*	け・こ…*16*	さ・し…*17*
す・せ…*18*	そ・た…*19*	ち・つ…*20*
て・と…*21*	な・に…*22*	ぬ・ね…*23*
の・は…*24*	ひ・ふ…*25*	へ・ほ…*26*
ま・み…*27*	む・め…*28*	も・や…*29*
ゆ・よ…*30*	ら・り…*31*	る・れ…*32*
ろ・わ…*33*	を・ん…*34*	

第2章 名前の音のタイプで占う人間関係 …… 35

名前の5つのタイプ ………………………… 36
▶ 5つのタイプの調べかた ………………… 38
　木の性格と人間関係…40
　火の性格と人間関係…41
　土の性格と人間関係…42
　金の性格と人間関係…43
　水の性格と人間関係…44
五行で占う友だち・恋人との相性 ……………45
　木×木・木×火…46　　木×土・木×金…47
　木×水・火×火…48　　火×土・火×金…49
　火×水・土×土…50　　土×金・土×水…51
　金×金・金×水…52　　水×水…53
❖ 同姓同名でも、ちがう人生!? ………………54

第3章 姓名の総画数で占うあなたの一生 …… 55

数字に秘められたさまざまな意味 …… 56
画数をかぞえるときの注意 …… 58
姓名の総画数で占う一生のリズム …… 60
▶ 総画数のかぞえかた・占いかた …… 61

1画・2画…62	3画・4画…63	5画・6画…64
7画・8画…65	9画・10画…66	11画・12画…67
13画・14画…68	15画・16画…69	17画・18画…70
19画・20画…71	21画・22画…72	23画・24画…73
25画・26画…74	27画・28画…75	29画・30画…76
31画・32画…77	33画・34画…78	35画・36画…79
37画・38画…80	39画・40画…81	41画・42画…82
43画・44画…83	45画・46画…84	47画・48画…85
49画・50画…86	51画・52画…87	53画・54画…88
55画・56画…89	57画・58画…90	59画・60画…91
61画・62画…92	63画・64画…93	65画・66画…94
67画・68画…95	69画・70画…96	71画・72画…97
73画・74画…98	75画・76画…99	77画・78画…100
79画・80画…101		

幸運をよぶ総画数 …… 102
❖ セカンドネームをつけよう！ …… 104

第4章 画数で占う才能と職業 …… 105

「極」であなたにむいた職業がわかる …… 106
▶ 「極」のタイプの調べかた …… 108

1タイプ…109	2タイプ…110	3タイプ…111
4タイプ…112	5タイプ…113	6タイプ…114
7タイプ…115	8タイプ…116	9タイプ…117
0タイプ…118		

❖ 名前に使えない字もある!? …… 119

画数チェック 漢字一覧表 …… 120

漢字の画数…120　　ひらがなの画数…139
カタカナの画数…140　　アルファベットの画数…141

あとがき …… 142

第1章

名前の音で占う あなたの性格

名前はかけがえのないプレゼント

　名前は、その人が生まれたときに、たったひとつだけあたえられる、かけがえのないプレゼントです。そして、その人にとって、これ以上ない大きな財産でもあります。

　名前をつけてくれたのは、両親かもしれませんし、おじいさんやおばあさんかもしれません。あるいは、親戚の人か、家族に何かご縁のあった人かもしれません。いずれにしても、赤ちゃんの誕生をよろこび、祝ってくれた人だったのではないでしょうか。そして、名前をつけてくれた人は、きっと赤ちゃんのしあわせを心からねがったことでしょう。ですから、名前は、その人がこの世に生をうけたことを祝福されたというあかしでもあるのです。

　どのような名前でも、その名前なりのよさがあり、パワーを秘めています。人生の波にうまくのっているときも、そうでないときも、名前はその人に明かりをともし、歩むべき人生を照らしつづけてくれます。

　もし、自分の名前に対して、かわいくないとか、字がきらいだとか、不満をもっていたり、きらったりしていたら、名前の本当のよさやパワーは発揮されません。愛情のあかしである名前に対して、感謝の念をもち、自信とほこりをもって前にすすもうとすれば、きっと名前は、人生をしあわせな方

向へとみちびいてくれるはずです。

　そもそも、名前というのは、気がついたときには、すでに決まっているものです。ですから、その名前をもっていることが当たり前になっていて、あらためて大切なものとして思いをめぐらせるようなことはしないものです。でも、しあわせをねがってつけられた、かけがえのないプレゼントだということを、けっしてわすれてはいけません。

　名前について知ることは、自分自身を知ることにつながります。名前には、人をしあわせへみちびくヒントがたくさん秘められています。名前のもつ力を知り、長所や短所などの特性を知ったうえで、人生にいかすことができれば、自分の可能性をさらにひろげることができるはずです。また、周囲の人のことについても理解でき、よりよい関係づくりができるようになるでしょう。どうか、名前の本当のよさを知って、すばらしい人生を歩んでください。

名前のもつ音のひびき

　人はこの世に誕生してから、ずっと名前をよばれつづけています。それも毎日のように、一日に何度も——。みなさんも、親、友だち、先生など、いろいろな人たちから、それこそかぞえきれないほど、名前をよばれてきているはずです。そして、これからも、ずっとその名前でよばれつづけていくことでしょう。

　わたしたちが何かの音を耳にするとき、耳は音をどのようにとらえているのでしょうか。音の正体は空気の振動、つまり、空気のふるえです。たとえば、太鼓をたたくと、太鼓の革がぶるぶると振動します。その振動は、波のようにまわりの空気をふるわせながら遠くへ伝わります。その空気のふるえを耳のなかにある鼓膜でうけとめ、その情報が脳に伝わることで、太鼓の音として聞くことができるのです。

　世のなかには、さまざまな音があります。こころよい音もあれば、不快な音もあります。また、心をうきうきさせる音や、さわやかな気持ちにさせる音、なんだか落ちこみそうになる音や、悲しみを感じさせる音、恐怖感をおぼえさせるような音もあります。

　わたしたちがふだん使っている日本語の音も、わたしたちの名前を構成している音も、それぞれ固有のひびきと波動を

もっています。そして、生まれたときから、くりかえし聞かされてきた自分の名前の波動は、わたしたちの資質や能力に、なんらかの影響をあたえているのです。

人は、社会のなかで生きていく存在だといわれますが、社会とその人をつないでいるのが、じつは名前なのです。小学生や中学生であれば、クラス、クラブ、塾など、大人であれば、会社や地域などといったものもふくめて、さまざまな社会とその人を名前がつないでいるのです。自分の名前がどのような人に、どうよばれるかによって、自分自身の心もかわってきます。よい名前のよばれかたをしていれば、名前のひびきがその人にあった資質へとみちびいてくれるでしょう。

「音」による名前占いでは、名前を構成している音の固有のひびきや波動で、その人の性質や能力を占えます。そして、それらを知ることで、人生をどのように切りひらいていけるのか、ヒントをみつけることができるのです。

音のひびきの調べかた

「音」による名前占いで重要なのは、名字ではなく名前のほうです。調べるのは、名前の読みの「最初の音」「二番目の音」「最後の音」の3つです。これを調べれば、その人が理想とする性格や、もともと資質としてもっている性格、最終的になるだろう性格を知ることができます。

以下の説明を読んだあと、12～34ページの解説をみて、今後の生きかたのヒントにしてください。

鈴木晴香
- 最初の音 (p24「は」をみる)
- 二番目の音 (p32「る」をみる)
- 最後の音 (p14「か」をみる)

山田翔太郎
- 最初の音 (p17「し」をみる)
- 二番目の音 (p30「よ」をみる)
- 最後の音 (p13「う」をみる)

✧ 最初の音
その人が理想とする性格をあらわします。他人にみせている性格で、「こうありたい」というねがいでもあります。努力してみがくと、その性格が自分の魅力になり、才能として開花します。

✧ 二番目の音
本来の自分の性格をあらわします。自然体でいるとき、この性格があらわれます。「すずこ」のように名前の最初とおなじ音（濁音をふくむ）の場合、理想と現実の自分が一致します。

✧ 最後の音
その人が最終的になるだろう性格をあらわします。年をかさねていくにつれて、最後の音がしめす性格がしだいに色こくあらわれるようになります。

- 名前の読みが2字のとき
　　「二番目の音」が「最後の音」とおなじになります。たとえば、名前が「まき」の場合、二番目の音も最後の音も「き」になるので、本来の性格が最後までつづくことになります。

- 「が」「じ」「ペ」などの濁音・半濁音が名前にはいるとき
　　濁音や半濁音は、もとの文字「清音」とおなじ意味になります。「が」なら「か」、「じ」なら「し」、「ペ」なら「へ」とおなじ意味になり、もとの文字の性質を強めることになります。

- 小さい「ゃ」「ゅ」「ょ」が名前にはいるとき
　　小さい「ゃ」「ゅ」「ょ」（拗音）は、ひとつの音としてかぞえ、大きい「や」「ゆ」「よ」とおなじ意味をもちます。そのうえで、前の文字の性質を強めます。たとえば、名前が「きょうこ」の場合、二番目の音が「ょ」となり、大きい「よ」の意味をもちつつ、最初の音である「き」の性質を強めていることになります。

- 「ー」が名前にはいるとき
　　「ー」（長音）は、前の字をのばして発音したときにのこる母音「あ」「い」「う」「え」「お」の性質を、それぞれ少し弱めた意味になります。たとえば、「カール」は二番目の音が「あ」になります。
　　例：「カール」→あ（二番目）　　「マリー」→い（三番目）
　　　　「ブルータス」→う（三番目）　　「テレーザ」→え（三番目）
　　　　「ローレル」→お（二番目）

- 小さい「っ」が名前にはいるとき
　　小さい「っ」（促音）は、ひとつの音として、順番にかぞえます。名前が「きっぺい」の場合、最初の音が「き」、二番目の音が「っ」となり、大きい「つ」とおなじ意味になります。

- 小さい「っ」や大きい「つ」が二番目の音になるとき
　　小さい「っ」や大きい「つ」が二番目の音になる場合、変化をこのむ性格をもちます。そのため、形にとらわれない自由な人生を歩むことになります。

では、さっそく自分の名前や友だちの名前を調べて、つぎのページから五十音順に掲載されている解説を読んでみましょう。

愛にめぐまれたリーダー
頭脳明晰で、まよわずつきすすむ

自分を信じて、まよわずつきすすむリーダータイプ。頭の回転がはやく、好奇心旺盛。外交的で行動力もあり、カリスマ的な強さをもっている。小さいころから愛情にめぐまれ、やさしく感受性がゆたかで、人が自然と集まってくるはず。でも、自己中心的で、攻撃的な一面もありそう。表現力がゆたかなので、いつも人から注目をあびるような存在になるけど、いい気になって、えらそうな態度をしてしまうことも。

しなやかでゆったり
調和を大切にする人

まわりの人たちとの調和を大切にし、しなやかでやさしい性格の持ち主。頭がよく、人の気持ちを察して、こまやかな気配りができ、コミュニケーション能力がとても高い。友だちにめぐまれ、目上の人からも愛されそう。ひかえめで謙虚な人なので、目立ちたいとか、えらくなりたいなどといった欲はあまりないけど、もともと能力が高いので、しだいに人にみとめられるようになり、人前に立つ存在になることも。優柔不断な一面もあるけど、ふだんから学びつづければ、判断力はアップしていくはず。

芸術的センスがあり新しいものを生みだすスター

　ひかえめながらも秘めた力があって、何もないところから新しいものを生みだす爆発的なエネルギーの持ち主。しかも、人をつつみこむやさしさもそなえている。ひとりの時間を大切にするマイペースな一面もあって、じっくりと物事を考えるのが好き。できるだけ自由に生きたいと考えるタイプで、リーダーシップこそとりたがらないものの、持ち前のスター性で人の輪の中心的存在になるはず。芸術的なセンスがあり、すぐれた表現力をもっているので、そのタレント性をのばしていくとよいかも。

はなやかで明るく元気ざっくばらんで気どらない自信家

　活気にあふれたエネルギーの持ち主。気どらず、ざっくばらんな性格で、じっとしているのが苦手。自己中心的な面もあるけど、まわりをどんどん味方にひきいれて、困難をはらいのける強さがある。行動範囲が広いぶん、トラブルにあうことも。まわりの影響をうけやすい一面もあるので、つきあう人を選ぼう。爆発的な運気をもつので、人生に急展開があるかも。恋愛面では一途で、ホレるとのめりこみそう。

人の和を優先し、温厚で思慮深い
周囲を安心させる魅力の持ち主

おっとりとして温厚で慎重派。なぜか人を安心させるふしぎな魅力の持ち主。マイペースで、変化に動じない反面、強情で、人とのコミュニケーションが苦手なところもある。人に対する警戒心が強く、よけいなことはしゃべらないタイプ。自己主張はあまりせずに、人の和を優先させるため、他人にふりまわされて、ストレスをかかえることも。でも、器用なうえに集中力と根気があるので、最後までやりぬく力をもっている。その才能をいかす方向づけをしてくれるような人との出会いが、人生のカギになるかも。

エネルギッシュで活動的
チャンスを確実にものにする人

感覚がするどくて、刺激が大好き。おとなしい印象にみえながらも、炎のように感情が燃えあがり、じっとしていられない活動派。一方、おおらかな面もあって、弱い者にもやさしくふるまえる。また、頭脳明晰なうえに、向上心があって、内面的な強さももちあわせているので、ほしいものがあれば妥協することはなく、チャンスを確実にものにしそう。このみの異性には積極的にアプローチするタイプ。

即断即決の行動派
思いこんだら一直線

明るく元気で、知的好奇心が強く、プラス思考。即断即決の行動派で、思いついたら一直線に走りだす。努力家でもあるので、自分の選んだ道をぐいぐいつきすすむ。社交的な面もあって、幅広い人脈をきずきそう。恋愛面ではモテるけど、あまりべったりとはせずに、クールなタイプ。美術や音楽といった芸術の分野が得意で、本物をみぬく才能がある。専門をいかした道を歩むことになるかも。

才知にあふれ、冷静でおだやか
高貴なふんいきの持ち主

いつもおだやかで、どこか高貴なふんいきをもっている人。才知にあふれ、しかも、頭のよさをけっしてひけらかすことはない。のんびりとマイペースなタイプでもあり、人の意見にはあまり左右されない。おおらかで人あたりがよい一方、冷静さもあわせもっているので、適度な距離をもって人に接することができそう。いずれは人をみちびくような人物になりそうだけど、自分の意志を強くもちつづけていないと、挫折しがちなので要注意。恋愛面では、理想の人を追うことはなく、自分にあわせてくれる人をこのみそう。

ふしぎな魅力で人の輪の中心に
波瀾万丈の人生になるかも？

　うそをつけない性格で、こまっている人をみると、思わず助けずにはいられない。ふしぎな魅力で、たくさんの人から愛され、自然と人の輪の中心になっていそう。気が強く、短気で負けずぎらいな反面、さびしがり屋で、甘えん坊な一面も。また、繊細で、人との調和を大切にするところも。地道で計画性があり、目標にむかってつきすすめるが、すなおに人の意見を聞くこともできる。大役をまかされると成長し、波瀾万丈の人生を歩むかも。恋愛ではストレートなタイプで、ダメモトでアタックしていきそう。

純粋で自由にのびのび
だれからも好かれる人気者

　純粋で、まっすぐな心をもち、自由でのびのびとした性格の人。さわやかで上品で、でしゃばることはないけど、こびることもない。なぜかセクシーな魅力にあふれ、性別も年齢も関係なく、みんなから好かれる人気者。美術や音楽などにふれることで、人生がゆたかになりそう。でも、安定すると、すぐ現状に満足してしまったり、依頼心が強くなったりするので要注意。外国語を専門にした仕事に縁があるかも。

さっぱりとしたいさぎよい面と ナイーブな面をあわせもつ人

明るく清潔感があり、さっぱりとした性格の人。くよくよ考えない大胆さをもちながら、おだやかで思いやりがあって、ナイーブな面ももちあわせている。人見知りなところもあるが、そんな自分をあらためようと努力することで道がひらけそう。ひかえめながらも着実に信頼を得ていき、人の上に立つような存在になるかも。コミュニケーション能力が抜群で、外国語の習得もスムーズにいきそう。

どんなときも冷静で 信念をまげないしっかり者

警戒心が強く、他人に対して壁をつくりがちだけど、いったん信頼できそうだとわかれば、少しずつ心をひらいていく。自信家で、どんなときも落ちついて冷静に行動し、人にまどわされることはない。おとなしそうにもみえるけど、負けずぎらいのがんばり屋で、つねに努力をおこたらない。信念をまげず、自分の意見もはっきりいうので、ストレスは少なそう。でも、器用で、なんでも自分でやってしまいがちなので、ときには人にたよるべき。恋愛では、相手の色にそまらないタイプ。人を感動させる仕事につく可能性も。

自分の心地よい空間が大切
マイペースにゆたかな才能を発揮

おとなしく、ひかえめなタイプだけど、頭脳明晰で集中力があるので、小さいころから一目おかれる存在になりそう。内面はしっかりしていて、才能もゆたかなのに、広い世界にはでたがらない。もっと積極的に自分をアピールしていこう。恋愛面では、異性への理想が高く、妥協もしないため、晩婚になるかも。マイペースなので、研究職や技術職、文筆業など、ひとりでこつこつとりくむ仕事にむいていそう。

人一倍の行動力で注目される存在に
恋愛はステップアップをめざす

自信家で、アピールじょうず。くよくよ悩まずに、思いたったら積極的に行動するタイプ。頭がよくて、プライドも高く、リーダー的存在になって、仲間からしたわれそう。でも、自分に必要なものと不要なものをみきわめて行動するというような、ちゃっかりした一面もある。つねに変化をこのみ、人から注目をあびることが大好きで、仕事も恋愛も妥協することはない。恋愛の数は多く、どんどんステップアップしていきそう。海外へも積極的にでていって、芸能や芸術の分野で才能を発揮するかも。

そ　頭の回転がはやく、なんでもてきぱき　たのもしい縁の下の力持ち

　おだやかで、ものごしがやわらかいながらも、いいたいことはいうタイプ。頭の回転がはやく、なんでもてきぱきとこなし、成功するためには努力をおしまない。でも、競争は苦手で、あと少しというところであきらめることも。みずからトップに立つよりは、だれかをうしろからささえたり、相談相手になったりするほうが得意で、縁の下の力持ちとして、たのもしい存在になりそう。恋愛面では奥手で、相手からのアプローチを待っていそう。海外に興味をもち、外国語の習得もはやく、芸術関係の仕事に縁がありそう。

た　クールな面と情熱的な面をあわせもち　大きな成功をおさめる人

　品があって落ちつきがあり、クールなタイプにもみえるけど、気の強い情熱家としての面もあわせもっている。活動的で、いろいろな人と親しくなりそう。問題がおきたとしても、決断力があって、ヒラメキを大事にしながら対処していくことに。目標を達成する強い意志をもち、負けずぎらいでがんばり屋なので、将来、大きな成功をおさめるかも。恋愛面では、去る者は追わないタイプ。

ち 障害があってもくじけない
底知れないパワーの持ち主

おおらかで、ささいなことに動じたりはしない人。一見、ハデなようにみえたとしても、内面は堅実で、自分の足もとをしっかりみつめながら生きていくはず。責任感が強く、相手の気持ちを大切にするので、まわりの人から信頼されそう。でも、たのみごとをことわれず、ひきうけて損をすることもあるので、ときには、はっきりいやといおう。たとえ障害があっても立ちむかっていく底知れないパワーをもち、くじけることはない。恋愛面では、相手にあわせてしまう傾向があるので、恋人を選ぶときは慎重にしよう。

つ ドラマチックな人生をもとめて
感情のおもむくまま、大胆に行動

ユニークな個性をもち、ユーモアのセンスにあふれる人。感情のおもむくまま、大胆に行動して、まわりをおどろかせるなんてことも。情にもろくて、だまされやすい一面もあるので、サポートしてくれる人が必要かも。流行に敏感で、おしゃれのセンスも抜群。ファッションやデザインなどに関係した職業と縁がありそう。ドラマチックな人生をもとめがちで、芸術や芸能方面で才能を発揮することも。

て　人の気持ちを察することができる
裏表のない正直者

　人との争いをこのまない、やさしくのんびりした性格。正直でうそがつけず、裏表がないので、たくさんの人から、かわいがられるかも。察しがよく、頭の回転もはやいけど、自分の考えをしっかりもっていて、うわつくことはなさそう。ただ、リーダータイプではなく、責任をもたされることが好きではない。高のぞみもあまりしないので、仕事も家族も安泰で、大きなトラブルのない、しあわせな人生を送りそう。

と　まわりに信頼されるアイデアマン
大きな成功をつかめる人

　基本的には素朴でやさしい性格だけど、繊細な面と大ざっぱな面の両面をもちあわせている人。自分のことよりも、人のためにつくそうとするので、まわりからは信頼される。しかも、社交的で、いざというときにも動じないので、リーダーとして人をみちびくような存在になるかも。バランス感覚にすぐれているし、アイデアが豊富で、数字にも強いので、仕事で大きな成果をあげそう。でも、自分の健康を過信して、むりをしやすいので要注意。恋愛面では、尊敬できる理想のパートナーにめぐりあえそう。

人をひきつける、はなやかな存在
趣味や遊びで人生を楽しく送る

　感情表現がゆたかで、人をひきつける魅力にあふれている。生活は意外に質素で堅実。周囲にまどわされることはなく、いいたいことははっきりいうけど、人との関係を大切にして、敵はつくらない。負けずぎらいの努力家でもあるので、自分の思ったとおりに生きていきそう。また、人生を楽しく送りたいとねがっていて、趣味や遊びを大切にし、むずかしいことにチャレンジすることはあまりなさそう。芸能やスポーツの分野で才能を発揮するかも。恋愛ではかけひきをせず、結婚後は家庭が第一と考え、素敵な家庭をきずきそう。

思いやりのあるあたたかな性格
すばらしいセンスと才能の持ち主

　だれに対しても思いやりをしめす、あたたかな性格で、まわりをしあわせにする人。一見、地味にみられるかもしれないけど、音楽やスポーツにチャレンジすれば、すばらしいセンスと才能を発揮しそう。絵画や文学などでの表現力も、とてもゆたか。さまざまな情報をバランスよく吸収できるうえに、自分の意見もきちんといえて責任感があるので、まわりからの信頼が厚く、社会的にも活躍しそう。

ひかえめで、上品で、がまん強い
人生を着実に歩んでいける人

　ひかえめで、上品で、あえて目立つようなことはしないタイプ。能力があっても謙虚で、自分よりも人のためにつくしてしまうところがある。おとなしいけど、がまん強い面もありそう。人に相談することはあまりないけど、人生を着実に歩んでいくはず。自分のことは自分で解決しようとして、はやい時期に親もとから独立するかも。恋愛面ではとてもまじめで、自分の家庭を大切にしそう。

 ## 冒険好きで刺激をもとめるけど
冷静で警戒心が強い一面も

　内気ではずかしがり屋だけど、気配りができて、だれからも愛される人気者。冒険好きで刺激をもとめ、まわりの人をおどろかすような行動にでたりすることもあるけど、冷静で警戒心が強い一面ももっているので、大きな失敗もなく人生を歩みそう。人にはあまり期待しないで、自分でなんでもしてしまうタイプ。どんな環境にもすぐなじめ、社交的にもみえるけど、本当は気のあう人とだけつきあっていければよいと思っている。恋愛面では、押しに弱いので、突然、結婚することも。趣味の世界に没頭し、楽しい人生をすごせそう。

好きなことに情熱をそそぎ 強い意志で道を切りひらいていく

まじめで慎重な性格で、人前で本心をさらけだすことはない。世のなかの動きを敏感に察知できて、状況判断にすぐれている。将来は、興味のあることや好きなことに集中して情熱をそそぎ、周囲にまどわされることなく、道を切りひらいていくかも。強い意志の持ち主だけど、少々ガンコな面も。大きな組織のなかにいるよりも、自由にはたらくほうが性にあっていそう。恋愛面では、いろんなタイプとつきあうかも。

好奇心旺盛なチャレンジャー 出会いと忍耐力が成功のヒケツ

向上心があり、積極的に行動するチャレンジャー。知的好奇心が旺盛で、興味のあるものをどんどんためすけど、長つづきはしなさそう。でも、話し好きで社交的なので、だれとでも友だちになれる。自己中心的な面もあり、人との出会いが人生を左右することも。たとえば、自分をみとめてくれる人や、力のある人がそばにいれば、才能が発揮できそう。また、忍耐力をやしなうことも成功のヒケツ。人を信頼しすぎる面があって、それがトラブルの原因にもなるので要注意。恋愛にはすごくまじめで、初恋の人とむすばれるかも。

こまやかな気配りができて多くの人に愛される

　流行に敏感で、ファッションセンスにすぐれ、活発にもみえるけど、内面は意外とひかえめ。明るくて、心やさしく、その人にあわせたこまやかな気配りができて、多くの人から愛される。謙虚で慎重な面もあって、チャンスがきても、のがしてしまうことも多そう。でも、問題がおきたときは、それをのりこえていく力はあるはず。人と親しくなるまでには時間がかかるけど、いったん親しくなると、いっきょに心をゆるしてしまう。だまされて痛い目にあうこともあるので要注意。仕事よりも家庭を大事にするタイプ。

まわりの人にエネルギーをあたえすぐれた直観力で正しい判断ができる人

　明るくて、気配りじょうず。人あたりがよくて、くったくがなく、だれとでもなかよくなれる人気者。場をなごませ、まわりの人にエネルギーをあたえられる。すぐれた直観力の持ち主でもあって、周囲の意見に左右されることはほとんどない。即断即決する判断はほぼ正しく、よい結果をもたらしていく。芸術的なセンスにめぐまれ、音楽や美術の方面で才能を発揮するかも。恋愛のチャンスもたくさんありそう。

誠実で、まわりから信頼される人
忍耐力で困難をのりこえていく

まじめで堅実で、こつこつと地道な努力をつづけられる人。裏表がなく、誠実な性格なので、まわりの人からの信頼は厚い。内気なところもあり、考えすぎてチャンスをのがしてしまうこともありそう。でも、ねばり強く、忍耐力があるので、最終的には困難をのりこえて、成功をおさめられるはず。親しい人の前では、ふだんとは別人のようにサービス精神が旺盛になったりすることも。理系の研究職に縁がありそう。

独創的な発想で人の心をひきつける
負けずぎらいな自信家

ものしずかなようにもみえるけど、じつはプライドが高く、自信家なので、物事に妥協することはほとんどない。自分の夢や希望をかなえるためには、どんなことにだってチャレンジできる人。発想が独創的で、スター性もあるので、いつもたくさんの人の心をひきつけている。自分にも他人にもきびしいけど、集団をまとめる力はありそう。自己主張が強く、負けずぎらいで、いつも何かとたたかっている。熱しやすくさめやすいタイプでもあり、人の忠告をまったく聞かずに失敗してしまうこともあるので要注意。

自分の感情に正直に生きる人
大切なものを必死にまもる強さをもつ

　才能と教養があって、明るくやさしい。ユーモアのセンスにあふれ、人の心をひきつける人気者。自分の感情に正直に生きる人でもあり、大切に思っているものを必死にまもろうとする強さをもっている。心の内に正義と悪の両面をもち、ひかえめにしていたかと思えば、急に大胆になるなど、そのときどきで行動が変化してしまうので、まわりの人がついていけないなんてことも。でも、人生設計がしっかりしているので、大きな失敗はしなさそう。お金にこまらない、めぐまれた人生になるかも。

陽気でさっぱりとした性格
時代の流れに敏感な行動派

　陽気でさっぱりとした性格で、だれからも好かれる人気者。相手にあわせて会話を楽しめるので、友だちはたくさんいるはず。好奇心は旺盛だけど、物事にあまり執着することはない。じっとしているのが苦手な行動派であり、時代の流れに敏感なので、フットワークのよさをいかした職業がむいていそう。恋愛面では、積極的にアプローチするし、流れに身をまかせることもあって、恋のチャンスは多いかも。

自分の才能をみがく努力をおしまない
個性的なキャラクターの持ち主

　個性的なキャラクターをもち、まわりの意見にあわせたりすることのないマイペースな人。外からの刺激をもとめるよりは、自分のなかにひそむ才能をみがくことに努力をおしまないがんばり屋。いろんなことに興味をしめすけど、あまり長つづきはしなさそう。いったん問題をかかえると、ひとりで悩みこんでしまうこともあるので要注意。恋愛面では、自分につくしてくれる人を選びそう。

人を裏切ることはできない
情に厚い、やさしい性格

　心やさしく、情に厚い人。こまっている人をみると、手をさしださずにはいられない。いつも自分の損得を考えずに行動するので、まわりの人は自然と心ひかれてしまうはず。また、繊細で、がまん強い性格なので、自分の本心を人に明かすことはあまりなさそう。思いこみのはげしい一面もあるので、ときには人の意見に耳をかたむけよう。人を裏切ることができないので、悪い人に利用され、トラブルにまきこまれることも。恋愛面では、一途でまじめなタイプ。生活に関連した職業に縁があり、自分の店をもつこともありそう。

自分の世界をとことん楽しみ
実りある人生を歩んでいける人

　おっとりとした性格で、人と競争することが好きではない。知性にめぐまれ、自分の世界をとことん楽しみたいタイプ。金銭感覚にすぐれているので、マイペースながらも、一歩一歩、実りある人生を歩んでいくことになるかも。モノやお金に不自由しない人生になりそうで、人生の楽しみを追求するためのお金はおしまない。ガンコな一面もあるけど、じつは甘い言葉にだまされやすいところも。恋愛面でも、言葉のたくみな人にひかれて、だまされてしまったりすることもありそう。お金に関係する職業に縁があるかも。

みずから道を切りひらく強い人
大きな夢をかなえられそう

　まじめで慎重派。落ちついた性格なので、物事に動じず、みずから道を切りひらこうとする強さがある。子どものころはひかえめでも、大人になると活発になることも。仕事が好きで、けんめいにはたらき、大きな夢をかなえられそう。将来、かなりのお金をかせぐことも。芸術やスポーツの才能にもめぐまれている。ガンコな一面もあるけど、恋愛面では奥手なタイプ。でも、素敵な人と結婚しそう。

やわらかいものごしで、人が集まる
自分らしいスタイルの持ち主

　おっとりしたふんいきをもっていて、人が自然と集まってくる。ものごしがやわらかく、だれとでもなかよくなれそう。自分らしいスタイルの持ち主だけど、周囲との調和を何より大切にし、単調な作業も苦にしない。そして、自分にとって必要な人かどうかをみぬく力をもっている。人がよくてすなおなので、いいことにも悪いことにも影響されやすく、トラブルにはあまり強くないかも。でも、能力はあるので、自分に自信をもとう。愛やお金にめぐまれ、苦労することはあまりなく、仕事よりも家庭でしあわせを感じるタイプ。

自由奔放な冒険家と、まじめな常識家、
研究家の3つの面をもつ人

　平凡なことをきらって、自由奔放に行動しようとする冒険家の面と、物事を冷静にみすえられる常識家の面と、興味をもったことにはとことんとりくむ研究家の面という、3つの面をあわせもっている。トラブルがおきても、すぐ立ちなおれるかも。また、親分肌で面倒見がよいので、必要とされると、けんめいにつくしてしまいそう。世間知らずなところもあって、だまされやすいので要注意。

つねに刺激や変化をのぞみ
自分のスタイルをつらぬく人

いつだって刺激や変化をのぞんでいて、一か所に落ちつくのが苦手なタイプ。クールで、マイペースで、常識にとらわれず、どんなときも自分のスタイルをつらぬく人。はげしい流れにまきこまれても動じない強さと、新しい波をのりこなす柔軟さをかねそなえている。冷静に物事を判断しながらすすむすがたは、まわりの人には魅力的にうつるかも。社交的なので、たくさんの友だちにめぐまれそう。

自信に満ちた、はなやかなふるまい
注目をあびる聡明な自信家

高いプライドと、強い責任感の持ち主。つねに上をめざす前むきな性格で、妥協することはないタイプ。かしこく聡明で、いいことと悪いことをきちんとわけて、きっちり筋をとおそうとする。自信に満ちた態度と、はなやかなふるまいが、大いに注目をあびることになるけど、プライドが高すぎて、孤立するおそれも。必要以上の競争心や嫉妬心、ムキになるところは要注意。交友関係は広いけど、深くつきあう人は少数にかぎられそう。恋愛面では、長年の恋人を大事にし、結婚にいたるケースが多いかも。

る　自然体のまま、まわりをなごませる　ユーモアと愛嬌があって、気配りじょうず

　おっとりとした性格の持ち主で、自然体のまま、まわりの人をなごませる。人あたりがよく、ユーモアと愛嬌があり、しかも気配りじょうずなので、だれからも好かれて大切にされそう。でも、こまったことがおきたとき、努力もせずに、なりゆきにまかせてしまったりすることもあるので、意志を強くもって、事にあたるようにしよう。愛する人のいうことにはさからえないので、悪い人にひっかからないように。

れ　クールにみえても、本当は気さく　意外なギャップが魅力的

　品のよいふるまいとクールなふんいきで、なんとなく近よりがたく思われるけど、本当は気さくで、ざっくばらんな性格。頭がよくて観察力があり、冷静に物事をみて判断できる人。また、決めたことは最後までつらぬこうとするこころざしの高い人でもある。話しじょうずで社交的で、知識も豊富なため、たくさんの人と交流をもちそう。新しい情報には敏感で、情報を収集するのが得意。しかも、読書家で、チャレンジ精神が旺盛なので、新聞記者や編集者、テレビやラジオのプロデューサーなどの仕事に縁があるかも。

ろ　トラブルにもあわてず、さわがず
自然体で身をまかせ、変化を楽しむ

つねに自然体で、ゆうゆうとかまえている。トラブルがおこってもあわてず、ひらきなおって身をまかせられる人。変化を楽しみ、大胆な行動で周囲をおどろかせることもありそう。知識欲が旺盛で、いろいろな分野に興味をもち、かなりの博学。そのうえ、おおらかで人あたりもよいので、たくさんの人たちからひきたてられるかも。でも、ナイーブな面もあり、人を気づかって、自分のことをあとまわしにしてしまうことも。事務的な能力にすぐれ、弁護士、会計士、税理士などの職業に縁がありそう。恋愛では、まじめなタイプ。

わ　パワフルで、人をまとめる力がある
組織のトップとして活躍しそう

明るくパワフルで、自分を信じてつきすすむ人。中途半端がきらいながんばり屋。自分で道を切りひらく独立タイプであり、人の面倒見がよく、トップに立って人をまとめる能力がありそう。また、人の和を大切にするので、まわりからの信頼が厚く、自然とたよられる存在に。事業をおこすなどして、組織のトップとして活躍するかも。雄弁で説得力があるので、マスコミ関係の仕事に縁がありそう。

人の和を優先し、温厚で思慮深い
周囲を安心させる魅力の持ち主

　おっとりとして温厚で慎重派。なぜか人を安心させるふしぎな魅力の持ち主。マイペースで、変化に動じない反面、強情で、人とのコミュニケーションが苦手なところもある。人に対する警戒心が強く、よけいなことはしゃべらないタイプ。自己主張はあまりせずに、人の和を優先させるため、他人にふりまわされて、ストレスをかかえることも。でも、器用なうえに集中力と根気があるので、最後までやりぬく力をもっている。その才能をいかす方向づけをしてくれるような人との出会いが、人生のカギになるかも。　※p.14の「お」とおなじ。

 ## 前にくる文字のパワーを強調
いつでも全力で努力するタイプ

　「ん」は、名前全体の音の特徴を強め、とくに「ん」の前にくる文字の特徴を強調する作用がある。たとえば、「けんじ」という名前なら、「け」のつく人の特徴を強調する作用がある。また、「ん」のつく名前の人は、まじめで誠実。決断力があり、どんな状況でも、自分の家族や仲間を信じ、目的にむかってまよわず努力をつづけられるタイプ。マイペースで、堅実に安定した人生を歩みそう。いそぎすぎると失敗することもあるので、ゆったりと落ちつくことが大事。出会いも多く、実り多い人生を送りそう。

第2章

名前の音のタイプで占う人間関係

名前の5つのタイプ

　中国には、古くから「陰陽五行説」という考えかたが伝わっています。これは「陰陽思想」と「五行思想」を組みあわせてつくられたものです。「陰陽思想」は、天と地、明と暗といった、「陰」と「陽」のふたつの気からあらゆる現象を説明する考えかたで、「五行思想」は、「木」「火」「土」「金」「水」の五行から万物ができているとする考えかたです。

　ここでは、「五行思想」にもとづいて、名前の音を「木」「火」「土」「金」「水」の5つのグループにわけて、その人の性格をさぐり、それぞれの関係性を分析しています。とくに注目するのは、名前の「最初の音」です。この音は、生まれてからのち、もっとも多くよばれていて、その人の性格に大きく影響をあたえているからです。5つのタイプがそれぞれどのような関係にあるのかを知ることができれば、どういうふうに人とつきあっていけばよいのか、ヒントを得ることができるはずです。

　5つのタイプは、文字の発音のしかたでわけられています。「木」のタイプは、舌のつけ根で発音を調節する牙音、つまり、カ行の音があてはまります。このタイプの性格は、木が枝や葉をひろげながら生長するイメージで、前むきで向上心や野心があります。

「火(か)」のタイプは、舌(した)の先を歯の裏(うら)や歯茎(はぐき)につけて発音する舌音(ぜつおん)、つまり、タ行、ナ行、ラ行の音があてはまります。このタイプの性格(せいかく)は、めらめらと火が燃(も)えさかるイメージで、情熱的(じょうねつてき)で行動力があり、正義(せいぎ)をつらぬこうとします。

「土(ど)」のタイプは、のどの奥(おく)の動きで発音を調節(ちょうせつ)する喉音(こうおん)、つまり、ア行、ヤ行、ワ行と「ん」の音があてはまります。このタイプの性格(せいかく)は、大地がすべてをつつみこむイメージで、安心感があり、堅実(けんじつ)さとやさしさをもっています。

「金(ごん)」のタイプは、舌(した)の先を上の前歯にふれて発音する歯音(しおん)、つまり、サ行の音があてはまります。このタイプの性格(せいかく)は、土のなかで熟成(じゅくせい)した金のイメージで、はなやかにかがやくスター性(せい)をもっています。

「水(すい)」のタイプは、くちびるで発音を調節(ちょうせつ)する唇音(しんおん)、つまり、ハ行、マ行の音があてはまります。このタイプの性格(せいかく)は、水のように形を自由自在(じゆうじざい)にかえながら流れるイメージで、柔軟性(じゅうなんせい)があります。

5つのタイプの調べかた

まず、占いたい人の名前の「最初の音」を確認し、下の表から、「木」「火」「土」「金」「水」のどのタイプにはいるかを調べます。

たとえば、鈴木樹里の場合、名前の最初の音は「じ」なので、ザ行になります。下の表をみると、ザ行は「金」のタイプだとわかります。

例

最初の音は「じ」
（ザ行を下の表で調べる）

鈴木樹里

	ア段	イ段	ウ段	エ段	オ段		タイプ
カ行	か	き	く	け	こ	⇒	木
ガ行	が	ぎ	ぐ	げ	ご		
タ行	た	ち	つ	て	と	⇒	火
ダ行	だ	ぢ	づ	で	ど		
ナ行	な	に	ぬ	ね	の		
ラ行	ら	り	る	れ	ろ		
ア行	あ	い	う	え	お	⇒	土
ヤ行	や		ゆ		よ		
ワ行	わ				を		
	ん						
サ行	さ	し	す	せ	そ	⇒	金
ザ行	ざ	じ	ず	ぜ	ぞ		
ハ行	は	ひ	ふ	へ	ほ	⇒	水
バ行	ば	び	ぶ	べ	ぼ		
パ行	ぱ	ぴ	ぷ	ぺ	ぽ		
マ行	ま	み	む	め	も		

「木」「火」「土」「金」「水」の5つのタイプは、下のようにイメージや性格がわけられます。自分や友だちがどのタイプかわかったら、40～44ページにあるタイプ別の説明を読んでみましょう。それぞれの性格や人間関係について、くわしく解説してあります。

また、45～53ページでは、「木」のタイプの人と「火」のタイプの人の相性や、「土」のタイプの人と「金」のタイプの人の相性などといった、それぞれのタイプ別の相性について、くわしい解説をしています。気になる人との関係づくりに役立ててください。

木
木が枝や葉をひろげながら生長するイメージで、前むきで向上心や野心のある人。

火
火がめらめらと燃えさかるイメージで、情熱的で行動力があり、正義をつらぬく人。

土
大地がすべてをつつみこむイメージで、安心感や堅実さがあり、やさしい人。

金
土のなかで熟成した金のイメージで、はなやかにかがやくスター性をもつ人。

水
水が形を自由自在にかえながら流れるイメージで、柔軟性と社交性がある人。

※矢印のうしろのタイプが矢印の前のタイプをささえている。

木の性格と人間関係

名前の最初の音
かきくけこ　がぎぐげご

木が枝や葉をひろげながら生長するように、前むきで向上心や野心のある人

性格　カ行とガ行の音のひびきは、木のイメージと性質をもっている。このひびきを名前の最初にもつ人は、木が天にむかってのびていくように向上心があり、前むきで、目標や野心をもっている。いつも活発で、知的好奇心が旺盛なうえに頭脳明晰。勉強家で物事を幅広く知っているので、指導者にもむいている。プライドが高く、理想を追いもとめる一方で、自分の足もとがみえていないこともあり、計画的で安定した生活が送れないことも。

人間関係　まわりに知的なふんいきをもたらす人。そこにいるだけで、場の空気がアカデミックなものになりそう。話の内容がいつも新鮮で、バラエティーにとんでいるので、会話もなごやかなものに。友だちの悩みに対しても適切にアドバイスできるので、まわりの人には、たよりがいのある存在に思われそう。

火(か)の性格と人間関係

名前の最初の音
たちつてと だぢづでど
なにぬねの らりるれろ

火がめらめらと燃えさかるように、情熱的で行動力があり、正義をつらぬく人

性格 タ行、ダ行、ナ行、ラ行の音のひびきは、火のイメージと性質をもっている。このひびきを名前の最初にもつ人は、情熱的で行動力があり、前にむかってどんどんつきすすむ。ほとばしる情熱は、強いものにむかっていく勇気となり、正義をつらぬこうとする。また、いったん目標をもてば、それにむかって全力をそそぎこむ。でも、あまり先のことまで考えずに行動してしまったり、熱しやすくさめやすいので、とちゅうであきてしまったりすることも。

人間関係 情に厚く、やさしい気持ちの持ち主なので、まわりにあたたかさをもたらすことができる人。マイペースで人に意見を左右されないタイプだけど、こまっている友だちがいれば、自分の損得は考えずに、とことん助けてあげようとする。気分にムラがあり、感情的になって、その場のふんいきを悪くしてしまうこともあるので気をつけよう。

土の性格と人間関係

名前の最初の音
あいうえお やゆよ わを ん

大地がすべてをつつみこむように、安心感や堅実さがあり、やさしい人

性格 ア行、ヤ行、ワ行、そして「ん」の音のひびきは、土のイメージと性質をもっている。このひびきを名前の最初にもつ人は、大地がすべてをつつみこむように、落ちついた広い心をもっている。堅実で安心感があり、やさしい心の持ち主。あまり危険な冒険はしないタイプで、先をみとおしながら慎重に行動していきそう。それほど失敗をすることもないけど、考えすぎてもたもたしてしまい、チャンスをのがしてしまうことも。

人間関係 いつも周囲に気をくばりながら、冷静な意見がいえる人。堅実で、まわりに安定感をもたらすことができるうえに、調子にのったりすることもなければ、うまい話にだまされたりすることもないので、この人が役割をはたしていれば、トラブルはさけられそう。まわりの人たちも落ちついていられるはず。

金の性格と人間関係

名前の最初の音
さしすせそ ざじずぜぞ

土のなかで熟成した金のように、はなやかにかがやくスター性をもつ人

性格　サ行とザ行の音のひびきは、金のイメージと性質をもっている。このひびきを名前の最初にもつ人は、土のなかで熟成した黄金のように、はなやかにかがやくスター性と気品をもっている。人の心をなごませることができる特別な存在で、たくさんの人にしたわれ、いつもみんなの中心となっていそう。また、感受性がゆたかで、センスもよく、時代の流れをつかみとる力ももっている。でも、ミエっぱりな面もあり、軽はずみな行動をとってしまうことも。

人間関係　周囲の人たちに、優雅さと品格をもたらす人。ていねいな言葉を使い、まわりに優雅な時間をあたえることができそう。自分より上の立場の人にも言動をあわせることができ、社会的なポジションは上昇していくかも。楽観的な性格で、プラス思考なので、マイナス思考の人とはあまり相性がよくなさそう。

水の性格と人間関係

名前の最初の音
はひふへほ　ばびぶべぼ
ぱぴぷぺぽ　まみむめも

自由自在に形をかえる水のように、柔軟で社交性がある人

性格

ハ行、バ行、パ行、マ行の音のひびきは、水のイメージと性質をもっている。このひびきを名前の最初にもつ人は、自由自在に形をかえながら流れる水のように、柔軟性があり、コミュニケーション能力にすぐれている。社交性もあって、新しい環境にはすぐになじめそう。だれからも好かれるけど、じつは気をつかうタイプで、心から満足することはあまりないかも。また、ほかの人の影響をうけやすいので、いい人との出会いが重要なカギ。

人間関係

気づかいができて、みんなの心をいやせる存在。まわりのふんいきが悪いときはなごませ、友だちや家族を前むきな気持ちにさせる。エネルギーの強い人なので、勉強や遊びが充実していないと、家庭のなかや親しい人に対して爆発してしまうことも。こまっている友だちがいれば、ほかの人とはちがう視点ではげますことができるかも。

五行で占う友だち・恋人との相性

「木」「火」「土」「金」「水」の5つのタイプで、それぞれの相性をみていきましょう。下の図のように、矢印の先のタイプの人を、うしろのタイプの人がサポートする関係になっています。たとえば、「木」のタイプを「水」のタイプがささえ、「水」のタイプを「金」のタイプがささえます。

46～53ページに記してあるタイプ別の相性を読んで、よりよいつきあいかたのヒントにしてください。

～5つのタイプの関係～

・おなじタイプや、となりあったタイプは、落ちついて安定した関係に。
・1つとばしのタイプは、刺激をあたえあう関係や、ライバル関係に。
・グループのみんなのタイプを調べたとき、5つのタイプがすべてそろっていれば最高の関係に。

5つのタイプの相性

		相手の音のタイプ				
		木	火	土	金	水
あなたの音のタイプ	木	中吉	大吉	小吉	小吉	大吉
	火	大吉	中吉	大吉	小吉	小吉
	土	小吉	大吉	中吉	大吉	小吉
	金	小吉	小吉	大吉	中吉	大吉
	水	大吉	小吉	小吉	大吉	中吉

いつも話題がつきない よきパートナー

ふたりとも「木」のタイプで、知的好奇心が旺盛なので、いつも会話がはずんで、話題がつきることはなさそう。何か問題がおきたとしても、知恵があって闘志もあるふたりならのりきっていけそう。似た者同士で気持ちがわかりあえるので、おたがいがよき理解者になれるはず。ただ、どちらもプライドが高く、意見がぶつかりあうことも。

「木」のタイプ同士が恋人なら、相思相愛の仲だけど、ケンカも多そう。友だち同士なら、情報交換しあって、おたがいの世界をひろげていく関係に。

おたがいのよさをいかす 前むきでベストな関係

知性的な「木」のタイプの人と、純粋で情熱的な「火」のタイプの人は、おたがいのよいところを存分にひきだしあうベストな関係。友だち同士なら、なんでも相談しあえる深い信頼関係をむすべそう。なかよしになっても、たよりすぎることなく、長いつきあいに。恋人同士なら、「木」の人が「火」の人にぞっこんかも。

このふたりがいるグループは、話題がつきることはなく、みんなが前むきになれそう。積極的に行動して、いろんなことを楽しめるグループになるかも。

進歩的と保守的の両極端 おたがいに刺激しあう仲

　進歩的な考えかたの「木」のタイプと、保守的な考えかたの「土」のタイプは、おたがい刺激しあう仲。一見、「木」のタイプが活発で強そうに思えるけど、長い目でみると、堅実な「土」のタイプが優位に立ちそう。ほかのタイプがあいだにはいったほうが、ふたりの関係は長つづきするかも。

　ふたりが友だち同士なら、「木」のタイプの積極的な姿勢と、「土」のタイプの着実で手がたい部分をそれぞれ評価しあう関係に。恋人同士なら、「木」のタイプが「土」のタイプにぞっこんなはず。

ふたりとも好奇心が旺盛 でも、価値観が正反対

　「木」のタイプと「金」のタイプの人の共通点は、好奇心が旺盛なところ。でも、「木」の人は知識を重要と感じ、「金」の人はお金を大切に思うなど、価値観は大きくちがいそう。おたがいに自分のことばかり主張しがちで、気のあうところが少なく、生きかたもかなりちがっているかも。

　「木」のタイプは、「金」のタイプに対して優位に立つ傾向にあるので、「金」の人が自分らしく生きるには、べたべたしすぎないほうがよさそう。「水」のタイプがあいだにはいると、関係はうまくいくかも。

大吉 木 × 水

おたがいのよさをいかしともに成長しあえる関係

「木」のタイプと「水」のタイプの人は、おたがいのよさをいかしあい、ともに成長していけるよい関係。「水」のタイプは、自分の知らない世界を教えてくれるうえに、リーダーシップのある「木」のタイプを、あこがれながらささえていきそう。「木」のタイプは、気づかいができて、だれとでも打ちとけられる「水」のタイプを魅力的に感じているはず。

「木」と「水」のタイプが友だち同士なら、ずっといっしょにいても疲れることはなさそう。恋人同士でも、相性はバッチリ。

中吉 火 × 火

共通の目標ができればともに全力をそそぎこむ

ともに「火」のタイプのふたりは、いっしょにいると情熱的な気持ちが高まり、つぎつぎとやりたいことが生まれてきそう。ともに行動力があるので、共通の目標ができれば、いっしょに全力をそそぎこむはず。どちらも気分にムラがあるので、ケンカもよくするかも。でも、基本的には似た者同士で、相手の気持ちをわかりあえるので、時間がたてば仲直りできるはず。

ふたりが恋人同士なら、なんでも話せる関係になるし、友だち同士なら、ともに協力しあえる、いい仲間になりそう。

ふたりの魅力を高めあう素敵でベストな関係

情熱的で行動派の「火」のタイプと、落ちついた広い心をもつ「土」のタイプの人は、おたがいの魅力をどんどん高めあえる関係。

「火」のタイプは、「土」のタイプのやさしさをひきだすことができ、「土」のタイプは、「火」のタイプから、情熱のそそぎかたや、チャンスのつかみかたを学べるはず。

「火」と「土」のタイプが友だち同士の場合、おたがいに思いやることができ、こまったときには助けあえる真の友情がきずけるかも。恋人同士なら、運命的なわすれられない関係に。

おたがいに刺激しあいときにはケンカも

「火」のタイプと「金」のタイプの人は、どちらもエネルギーの強い者同士。いっしょにいると、おたがいに刺激しあい、やる気もどんどんアップしそう。ただ、ふたりの調子が悪いときは、はげしくケンカすることも。ほかのタイプの人があいだにはいれば、ふたりの対立はやわらぐかも。

「火」のタイプと「金」のタイプが恋人同士なら、はげしい恋に落ちそう。でも、時間とともに、ふたりの気持ちはさめていくかも。友だち同士なら、出会ってから急接近するけど、お金のことでもめるかも。

おたがいに刺激しあう仲 もめごとも多いかも

「火」のタイプと「水」のタイプの人は、おたがいに刺激しあう関係。「火」のタイプが「水」のタイプに対して優位な関係にある一方で、「火」のタイプが何かやろうとすると、「水」のタイプが気分をそいでしまうということも。

このふたつのタイプが恋人同士なら、はじめは「水」のタイプが「火」のタイプにあわせるようにしてつきあいだすけど、しだいにふたりのあいだでもめごとが多くなっていきそう。友だち同士の場合は、会話もあまりはずまず、協力しあうこともなさそう。

おたがいにみつめあう ふたりきりの関係

「土」のタイプの人は、落ちついた心の持ち主。外へでたがらないので、このタイプのふたりがいっしょにいると、おたがいをみつめながら日々をすごすような関係になりそう。ただ、ふたりきりの世界にはいりこみすぎてしまうことも。また、何事も慎重に考えすぎて、チャンスをのがすこともありそう。ほかのタイプの人をあいだにいれたほうが活動的になれるかも。

ふたりが恋人同士なら、おたがいにまじめな関係に、友だち同士なら、つらいときに相手の気持ちを理解しあえる仲になりそう。

ふたりとも活躍できる これ以上ない相性

「土」のタイプと「金」のタイプの人は、これ以上ないほどのよい相性をもったパートナー。ふたりでいっしょにいると、おたがいのよさを存分にひきだしあって、エネルギーに満ちた関係になるはず。ふたりがともに協力しあえば、いろんなねがいごとがかなえられるかも。

「土」と「金」のタイプが恋人同士なら、真剣に交際する仲になり、おたがいに長く愛しあえそう。友だち同士なら、気があって深い関係になれるかも。このふたりが力をあわせれば、夢を現実のものにできそう。

刺激しあいながら マイナス面をひきだす仲

「土」のタイプと「水」のタイプの人は、おたがいに刺激しあいつつ、マイナスの面をひきだしてしまう関係に。ふたりがいっしょにいると、新しいことにチャレンジしようという気がなくなってしまうかも。

このふたつのタイプが恋人同士なら、「土」のタイプのほうが「水」のタイプにぞっこんなので、「水」のタイプが主導権をにぎりそう。ただ、「土」のタイプががまんできなくなると、爆発してしまうことも。友だち同士の場合は、おたがいに尊敬しあうライバル関係になりそう。

大吉 金×水

**まぶしいオーラをはなつ
素敵なパートナー**

「金」のタイプと「水」のタイプの人は、おたがいのよさをひきだしあう素敵なパートナー。ふたりとも楽しいことが大好きで、おたがいを尊敬するので、ぶつかりあうことはほとんどないはず。ふたりがいっしょにいると、かがやかしいオーラをはなって、どこでも目立つ存在になりそう。

「金」のタイプと「水」のタイプが恋人同士なら、はなやかなカップルになって、みんなからうらやましがられそう。このふたりが友だち同士なら、楽しい会話も、楽しい遊びもたくさんできそう。

中吉 金×金

**明るい会話がいっぱい
周囲の注目をあびる存在**

どちらも「金」のタイプのふたりは、ともにハデごのみで、買い物や旅行が大好き。いつだって、明るく楽しい会話がかわされているはず。また、ふたりがいっしょにいると、いつもの何倍も、まわりの注目をあびる存在になりそう。ただ、どちらもお金を使いすぎる傾向にあるので要注意。

このタイプの人が恋人同士なら、おたがいを束縛せず、深すぎる関係にならないほうが長つづきしそう。友だち同士なら、ふたりともミエっぱりなので、自分につごうのよいことしか話さないかも。

中吉 水 × 水

相手に甘えすぎず、ケンカもしない仲

「水」のタイプ同士のふたりは、おたがいを気づかいあう関係に。いい距離をたもって、ケンカもしなければ、甘えすぎたりすることもなさそう。似た者同士で、おたがいに相手の気持ちがわかるので、つらいときや悲しいときにはなぐさめあえるはず。

「水」のタイプ同士が恋人なら、充実した関係をきずけそう。ただ、どちらもモテるので要注意。友だち同士なら、ふたりとも社交性があるので、もめごとはほとんどなさそう。相手の悩みを真剣に聞きあえるような関係になれるかも。

同姓同名でも、ちがう人生!?

　名字も名前もまったくおなじであれば、おなじような人生を歩めそうですが、じつはそうともいえません。同姓同名であっても、社会で大成功をおさめる人もいれば、それほど成功をおさめていない人もいます。では、なぜ、このようにちがう人生になるのでしょうか。そのわけは、人それぞれがもっている宿命がちがうことにあります。また、一生のなかでおきるさまざまなできごとに対する心がまえや、努力のしかたによっても、人生はかわってきます。

　同姓同名の人は、職種がちがっていても、一生の運勢の流れは似たようなものになります。成功する人にもしない人にも、おなじようにハッピーなできごとはおきるし、ピンチもおとずれます。でも、その人の心のもちようや、対処のしかたによっては、ハッピーなことをよりハッピーなものにできるし、ピンチをチャンスへとつなげられるのです。

第3章

姓名の総画数で占う あなたの一生

数字に秘められたさまざまな意味

　名前占いには、第1章や第2章で紹介してきた「音」による占いのほかにも、姓名、つまり名字と名前に使われている文字の「画数」による占いがあります。画数とは、漢字などを書く際の筆づかいの数のことです。画数による占いは、日本では昔からよくおこなわれていました。姓名に使われている文字の筆づかいの数をかぞえ、それぞれの数字がもつ意味をさぐることで、その人の運勢を占い、人生に役立てようというものです。

　数字には、それぞれ秘められた固有の特性があります。よく幸運の数字として「ラッキー7」といったり、縁起のよい数として「末広がりの八」といったりします。こういった運のよい数や、ぎゃくに不吉とされるような数は、世界の民族のあいだでみられるものです。そして、その数の象徴的な意味にもとづいた占いも古くからおこなわれているのです。

　姓名判断で重要と考えられている画数も、それぞれふしぎな力をもっていて、わたしたちの人生にいろいろな影響をあたえています。姓名の画数がもっている特性をよく知れば、その人がどういう運勢をもっていて、どういう人生を歩んでいくのか、そして、その人生のなかで、どういう能力をどういかしていけばよいかといった、重要なヒントを得ることが

できるのです。

「名前はその人の運命に影響をあたえる」

占いの世界では、よくそんなふうにいわれます。でも、名前のもっている力は、その名前をつけた親でも知らないことが多いものです。

親は、子どもがしあわせになってほしいとねがって名前をつけますが、その名前は、かならずしも親のねがいどおりの効果をその子におよぼすわけではありません。名前は、親の意図とはまったく別の力をもっていることもありますし、また、いろいろな側面をもっていて、その人にさまざまな影響をあたえることがあるのです。

名前に秘められた意味を調べることで、自分自身も親も知らなかった可能性をいろいろと知ることができます。名前を知ることは、天命、つまり、天からあたえられた命令を知ることにもつながるかもしれません。まさに「名前はその人の運命に影響をあたえる」といえるのです。

画数をかぞえるときの注意

　姓名の画数は、基本的には、戸籍にのっている正式な文字でかぞえます。ただし、戸籍にのっている名字が「齋藤」や「本廣」などのような字なのに、ふだん「斉藤」や「本広」などのように略した字を使っているとい

うような人は、両方の字の影響をうけている可能性があります。どちらの画数も確認してください。

　また、漢字によっては、漢和辞典にのっている画数と、実際の筆づかいの画数がちがう場合があります。それは、漢和辞典にのっている偏の画数が、その偏のもととなっている文字の画数を採用しているなどの理由からです。姓名判断の流派によっては、おなじ漢字であっても、ちがう画数を採用している場合があります。宮沢式の姓名判断では、一般的な筆づかいの画数を使って占います。何画になるかまようようなときは、120ページからの「画数チェック　漢字一覧表」で確認してください。

漢字の偏などのかぞえかた

漢字の偏などのかぞえかたは流派によってちがいます。たとえば、さんずい「氵」は、「水」を由来としている偏ということから4画とする流派もありますが、この本では、筆づかいどおりに3画とかぞえます。おうへん「王」は、「玉」を由来としている偏なので、5画としている流派もありますが、この本では4画とかぞえます。ほかに、くさかんむり「艹」は3画、しんにょう（しんにゅう）「辶」は3画です。

漢数字のかぞえかた

占いの流派によっては、漢数字はその字があらわす数をそのまま漢字の画数として占いに使うこともあります。たとえば、「九」なら9画、「十」なら10画というようにです。この本では、漢数字のかぞえかたは、その漢数字があらわす数ではなく、あくまで画数をかぞえます。「一」は1画、「二」は2画、「三」は3画、「四」は5画、「五」は4画、「六」は4画、「七」は2画、「八」は2画、「九」は2画、「十」は2画です。

ひらがな・カタカナの濁点・半濁点のかぞえかた

濁点「゛」は2画、半濁点「゜」は1画とかぞえ、もとの字の画数にくわえます。ひらがなの画数は139ページ、カタカナの画数は140ページで確認できます。

姓名の総画数で占う一生のリズム

　名前の「音」による占いでは、その人の能力や性質などがわかりますが、「画数」による占いでは、その人の運命や運勢などがわかります。たとえば、人生にどういった力がはたらくのかを知ることができて、人生の傾向や、一生の流れ・リズムなどがわかります。

　なかでも、「名字」の画数は、生まれつきもっている運命、いわば"先天的な運命"に影響をおよぼします。それに対して、「名前」の画数は、その先天的な運命をどう切りひらいていくかという"後天的な運命"に影響をおよぼします。また、名字と名前の画数をあわせた総画数は、その人の生涯、とくに晩年に対して強い影響をおよぼします。

　人生の傾向や一生の流れを知ることができれば、人生設計に役立てられ、まよわず自分の能力をのばす努力をつづけられます。また、人生のなかでの絶好のタイミングに気づけば、勇気をもって自分の能力を発揮できるでしょう。

総画数のかぞえかた・占いかた

自分の人生の傾向や一生の流れを知るために、姓名の総画数を調べましょう。まず、紙と筆記用具を用意してください。その紙に自分の名字と名前を一文字ずつ書きながら、画数を確認し、メモしていきます。画数をかぞえる前に、58〜59ページにある注意を読みましょう。

メモした画数をすべてたした総画数は、いくつになったでしょうか。その画数を62〜101ページからさがして、解説を読んでください。

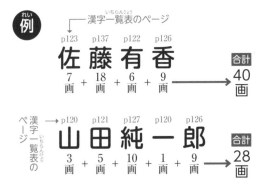

注意点

- 総画数が81画以上であれば、その数から80をひき、1画にもどってかぞえます。たとえば、81画なら1画、82画なら2画、83画なら3画、90画なら10画、91画なら11画とおなじ意味になります。
- 画数がいくつになるかまよったときは、120ページからの「画数チェック 漢字一覧表」で確認しましょう。漢字だけでなく、ひらがな、カタカナ、アルファベットの画数も確認できます。

1画
理想高き強いリーダーシップの持ち主
強運にめぐまれ、はなやかな人生に

　数字の1は、すべてのはじまり。生命力と統率力を象徴している。自然と人の上に立ち、みんなから信頼されるカリスマ的存在。理想が高くて、努力をおしまず、ピンチのときもくじけない。強運にめぐまれ、はなやかな人生が送れるかも。いずれは名声や名誉も得られるはず。

ときどき、人の意見を聞かず、暴走してしまうことも。まずはあせらないこと。それから、助言してくれる人を大切に。

2画
まじめで努力家で知恵もある
陰の支配者となって能力を発揮

　人前に立つようなことはせず、できるだけ目立たないように行動しがち。まじめで、努力家で、知恵もあるけど、自分の意見をかたくなにおしとおすようなガンコ者でもある。気をつけていないと、トラブルをおこして、だれかと対立したり、それまで信頼をよせてくれていた友だちがはなれていったりすることも。結果的に、陰で人を思いどおりに動かしながら、自分の能力を発揮するような人生になるかも。

何かトラブルがあると、人のせいにしがち。感謝の心をもち、友だちを大切に。笑顔とていねいな言葉づかいを心がけよう。

3画 思わぬ幸運をつかみとり 大きなことをなしとげる人生

小さいころから思わぬ幸運にめぐまれて、あまり苦労することなく、順調に人生を歩めるかも。頭の回転がはやく、しかも広い心の持ち主なので、リーダーとして人の上に立ったときには、みんなから信頼を得られそう。直感力があり、トラブルを解決しながら、幸運をつかみとれるはず。若いうちは、浅はかな行動をとることもあるけど、経験をつんで、大きなことをなしとげる人生に。

いつでもチャンスをつかめるように、ふだんからいろんな努力をつづけよう。友だちからの信頼はなくさないように。

4画 自分の内面を追求し 孤独を愛する努力家の人生

人とかかわりをもつことよりも、自分の心をほりさげ、内面を追求していくことによろこびを感じるタイプ。孤独を愛し、人知れず努力していく人生に。おとなしい面と、はげしい面をもちあわせていて、どちらがあらわれるかは相手によってかわってしまう。自分にきびしく、完璧主義なので、きっと成果はあげられそう。でも、他人にもきびしいので、人間関係がうまくいかずに、適切な評価がされないことも。

完璧主義で、自分だけでなく、人に対してもきびしく接しがちなので要注意。人生の目標をもって計画的にすすめよう。

5画 変化を楽しみながら新しいものを生みだす人生に

　変化のある生活が好きで行動力もあるので、冒険しながら成長する人生になりそう。また、趣味のはばが広く、強い意志と忍耐力をもっているので、何か新しいものを生みだしたりできるかも。温厚でだれからも好かれ、まわりからの信頼が厚いうえに、精神的にも強いので、どんなトラブルがおきても切りぬけていけそう。リーダーとしても活躍し、人からひきたてられて出世するかも。

 自分のまわりだけの小さな世界で満足せず、より広い世界にむけてチャレンジし、才能を発揮させよう。

6画 才能ゆたかで愛情にめぐまれラッキーな人生に

　愛情にめぐまれ、小さいころからずっと運がよく、ラッキーな人生を歩んでいきそう。才能がゆたかなうえに、ほがらかで明るく、争いごとはこのまない。地道に努力していれば、力のある人からひきたてられ、自然と地位や名誉を手にいれられそう。ときには壁にぶちあたることもあるけど、あせらずに謙虚さをわすれなければ、運勢は少しずつ上むいてくるはず。金運にもめぐまれて、ゆたかな人生になりそう。

 大事なのは謙虚さをわすれずにいること。まよったときは、自分の心に問いかけてみよう。感謝の気持ちをわすれずに。

7画 圧倒的な個性と強い意志をもち かならず成功を手にする

圧倒的な個性と強い意志の持ち主で、人一倍努力をかさね、運にもめぐまれるので、きっと成功を手にするはず。どんな困難があっても、持ち前の決断力でのりこえていけそう。ときどき、荒っぽい気性がでてしまうこともあるけど、基本的には社交的で、コミュニケーション能力も非常に高そう。センスがよく、器用なところがあるので、専門的な分野の勉強をつづければ、いずれ独立し、成功することも。

 自己主張が強いぶん、実績をだせないと孤立してしまうので要注意。耳の痛いアドバイスをしてくれる友だちこそ大切に。

 8画 自分の信じる道をすすみ 意志をつらぬいて夢を実現

人にたよらず、自分の信じる道を自分のペースで歩みつづけ、年齢をかさねるにつれて発展していく人生になりそう。自分が決めたことは最後までつらぬき、夢を実現させるかも。裏表のない性格で、だれからも好かれ、信頼を得ていくので、組織のなかでも、独立しても、力を発揮するはず。

 まじめすぎて自分にきびしいので、ほかの人にもきびしく接してしまいがち。心に余裕をもって行動しよう。

9画 変化の多い人生に高いコミュニケーション能力で対応

変化の多い人生で、住所も仕事も一か所に落ちつくことはなさそう。でも、コミュニケーション能力にすぐれているので、新しい環境にもすぐになじめるはず。柔軟性があって、流行に敏感。おしゃれにも気をつかうので、みんなから注目をあびる存在になるかも。落ちこんでいるときには、事故や病気をひきよせてしまったりすることも。気持ちを切りかえて、前むきな姿勢をたもっていれば、運気は改善するはず。

 努力した成果がすぐにでなくても、あせらず、あきらめず、努力をつづけよう。人間関係のもつれは毅然とした態度で。

10画 清い心の持ち主で空想好き 波乱の多い人生に

現実をあまりみようとはせず、空想が大好き。自分の実力以上のことをやりたがることもあって、波乱の多い人生になりそう。いつもういういしく、清い心の持ち主だけど、じつは、したたかな知恵者でもある。だれとでもすぐになかよくなれるけど、友だちもよくかわるかも。

 人をあてにせず、自分でやりぬく気持ちが大事。ショッピングのしすぎには注意しよう。病気や事故にも気をつけて。

11画 天からのめぐみのように しあわせがやってくる人生

年齢をかさねるほど、どんどん運勢がよくなっていく人生になりそう。やさしい人柄で慈悲深く、強い意志の持ち主で、努力家でもある。人のためによくつくすので、みんなから尊敬されるようになるはず。人からひきたてられたり、援助されたりして、しあわせがむこうからやってくるかも。いつまでも好奇心旺盛な行動派なので、家にこもったりせず、新しいことにどんどん挑戦していきそう。

 強運をいかすために、いつも明るい気持ちでいよう。けっしてわがままにならないように。そして、感謝をわすれずに。

12画 ヒラメキとチャレンジの連続 すぐれた瞬発力の持ち主

これだと思うことがひらめいたら、どんどんチャレンジしていく人生になりそう。瞬発力はあるけど、こつこつと努力するのは苦手で、とちゅうであきらめてしまいがち。何かをはじめても、能力を発揮しないまま、おわってしまうことも少なくないかも。でも、いざというときには大いに力を発揮できそう。まわりがみえなくなって、目標達成のためには手段を選ばないなんてことも。

 きびしい言葉をかけてくる友だちは、人生をよりよい方向にかえてくれるはず。努力することを面倒がらずに。

13画 頭脳明晰、ゆたかな感受性と表現力 あふれる才能で成功を手にする

頭脳明晰、なみはずれた記憶力、ゆたかな感受性と表現力、それに、すぐれたコミュニケーション能力。あふれる才能をいかんなく発揮しながら、成功をおさめられそう。明るく活発な性格のうえに、情報収集が得意で博識なので、どこにいっても人気者になれそう。年をかさねていくほど運勢がよくなり、ひどいむだづかいをしなければ、ゆとりのある生活が送れるはず。

記憶力が発達しているので、その能力を存分にいかそう。気持ちに多少のムラっけがあるので、忍耐力をつけよう。

14画 頭脳明晰で、あふれるバイタリティー 思いもかけずドラマチックな人生に

まじめで義理がたく、平凡な生活をのぞんでいるにもかかわらず、思いもかけないドラマチックな人生になりそう。頭脳明晰でバイタリティーにあふれ、自分でなんでもできてしまうので、ほかの人にきびしくあたりがち。だから、協力してくれるような人は多くはないかも。人をこのんでうけいれることはなく、人間関係でトラブルが多いかも。また、政治や社会問題などに関心をもちつづけそう。

何事もぜんぶ自分でやってしまおうとしないように。ふだんからいろいろな情報を得て、話題づくりを心がけよう。

15画 ゆたかな感受性とするどい洞察力で若いうちから成功を手にする人生

若いうちから高い評価をうけて、地位と名誉を手にいれる。心やさしく、こまっている人をみれば、すぐに手をさしのべるが、見返りはもとめない。一見、おだやかにみえても、内面は強く、底力がある。ゆたかな感受性と、するどい洞察力をもち、事業をおこしても成功するはず。

むりな自己主張はおさえて、ひかえめでいよう。感謝の言葉は、できるだけ口にだすようにしよう。

16画 凶を吉にかえるリーダー 最終的には成功を手にする人生

いいことがあったり、悪いことがあったりの浮き沈みの多い人生だけど、ピンチになってもあきらめず、凶を吉にかえて、最終的には成功を手にしそう。精神的に強いので、目標さえはっきりしていれば、どんなトラブルがあってものりこえられるはず。明るい性格で、だれにでも親切で、とっても世話好き。あまり自己主張はしないけど、自然とまわりに人が集まって、リーダー的な存在になりそう。

成功のヒケツは、目標をはっきりさせること。気持ちを明るくたもちつづけ、人の世話はやきすぎないように。

17画 非凡な才能でスター性をもち かがやかしい人生を送る

非凡な才能をもち、みんなから注目をあびるスター的な存在で、はなばなしい人生を送りそう。先を見とおす力があり、流行にも敏感で、時代の先端をいくことになるかも。強運の持ち主で、精神的にも強く、目標をさだめたら、そこにむかってつきすすみ、不可能を可能にしていきそう。

 まわりにはいろんな人が集まってくるので、トラブルに要注意。ことわるときは、はっきりと伝えよう。

18画 強烈なパワーと強い信念で 積極的に成功をつかみとる

強烈なパワーの持ち主で、知恵と勇気と強い信念で成功をつかむ人生になりそう。頭の回転がはやく、相手を自分のペースにまきこんで、ひたすら強気ですすんでいく。お金を使いすぎてしまうこともあるけど、こまったときは、だれかがきっと助けてくれるはず。自分の考えをおしとおしすぎないようにして、まわりの人をいかすような力が身につけば、社会的な地位もアップするはず。

 ふだんから人の話をよく聞き、柔軟な考えでいることが成功のヒケツ。まわりの人たちへの思いやりをわすれずに。

19画　才能ゆたかで意欲にあふれ　いろんなことにチャレンジ

　才能ゆたかで、いろんなことにチャレンジしていく人生を歩みそう。気持ちが先走りして、実力がともなわないまま挑戦して失敗したり、成功してもすぐに気をぬいて転落してしまったりすることも。でも、つねに意欲にあふれ、いろんなことに興味がわいてくるはず。ところが、あちこち手をだしてしまって、大切にしなければいけないことがおろそかになることもありそう。

　楽をしようとせずに、こつこつと努力をすることが成功のヒケツ。感情のムラをなくし、むりをしないことも大事。

20画　二面性がふしぎな魅力に　障害の多い人生を歩む

　気弱で慎重な面と、好奇心旺盛で大胆な面の二面性をもち、それがふしぎな魅力になっている。もともと人柄はよく、みんなから好かれる存在だけど、障害の多いはげしい人生になりがち。むりをしすぎると、精神のバランスをくずして、自分を見うしなったり、精神的に不安定な面がでて、友だちがはなれていったりすることも。困難に負けないように努力しつづける人生になりそう。

　疲れやすいので、健康に注意しよう。落ちついた気持ちをたもちつづけられるように、いつも規則正しい生活を。

21画 強い意志で前進しつづけ 中年期以降に大成する人生

　強い意志をもって困難のなかをつきすすみ、若いころの努力が中年期以降になって大きく実をむすぶ人生になりそう。面倒見のいい性格で、まわりからは尊敬され、信頼を得られるかも。ところが、ハデな行動が、ときに反感やねたみを買ってしまうことも。そんなときはあまり気にしたりせず、楽観的にかまえていればよい。仕事はよくでき、新しいアイデアをつぎつぎと生んで大成しそう。

　人をねたんだり、楽をしようとしたりしないで。夢を具体的にイメージしながら、自分の感性を信じてすすもう。

22画 高い理想にむかって こつこつと努力をかさねていく人生

　高い理想をもち、こつこつと努力をつづけていく人生。エネルギッシュな行動派で、自分のことよりも、家族や人のためにつくそうとする、やさしい心の持ち主。健康をそこねたり、正当に評価されなかったりして心労をかかえることもあるけど、まわりには自分の大変さをみせずにふるまい、信頼を手にいれるはず。仕事のことになると、感情がはいりすぎて、人間関係でトラブルになることも。

　興味のある分野をたくさん勉強して、たくさんの人と積極的に交流しよう。がんばり屋なだけに、健康には気をつけて。

23画 すぐれた知性とカリスマ性をもち自力で道を切りひらく

カリスマ性をもち、すぐれた知性で人をみちびく存在になるかも。明るく元気で、年をかさねていくにつれて、才能が開花し、どんどん自分の道を切りひらいていきそう。仕事がよくでき、チャンスのときには流れにのれて成功し、地位や名誉が得られるはず。また、ふだんから面倒見がよいので、困難があったときには、たくさんの人たちに助けられることになりそう。

努力せずに楽をしようとしたり、人にたよりすぎたりしないで。トラブルをさけるためには、すぐにカッとしないこと。

24画 つみかさねた努力とめぐまれた運で成功を手にする人生

めぐまれた才能をもち、エネルギーに満ちあふれ、努力と強運のもとに成功する人生。若いころは、なかなか成果がでないこともあるけど、こつこつと努力をつみかさねて実力がついていけば、自信もでてきて大成するはず。柔軟性もあるので、仲間と協力しあって繁栄しそう。

熱しやすくさめやすい性格なので、目標をはっきりとイメージして、そこにむかって努力をつづけるようにしよう。

25画 柔軟な気持ちをもちつづければのんびり気ままな人生に

めぐまれた才能をもち、気ままな人生を送りそう。あまり欲がなく、面倒なことはさけたがるので、変化の少ないのんびりとした人生を送ることになるかも。じつはガンコでわがままな面もあるので、人間関係でのトラブルは少なくないし、慎重すぎて、チャンスがおとずれても一歩ふみだす勇気がなく、あとで後悔してしまうことも。柔軟な気持ちをもちつづければ、運勢はぐんとよくなりそう。

ガンコでわがままな性格がわざわいして、才能を発揮できないなんてことも。人の話をよく聞き、よく学ぼう。

26画 非凡な才能とチャレンジ精神でドラマチックな人生に

非凡な才能をもち、英雄のようにドラマチックな人生を送りそう。チャレンジ精神が旺盛で、いいことにも悪いことにもめぐりあうので、油断は禁物。平常心が大切になってきそう。人からたのまれると、いやとはいえず、自分を犠牲にしてまで助けようとして、結局だまされたりすることも。

大きな目標ほど時間をかけてなしとげよう。楽をしようとしたりせずに、今、できることからこつこつと。

27画 頭脳明晰、あふれるパワー 浮き沈みの多い人生に

頭の回転がはやく、すぐれた判断力とあふれるパワーで、若いころからある程度の成功はおさめそう。ただし、謙虚さをわすれて、まわりから反感をもたれたり、逆ギレして爆発し、それまで助けてくれていた人がはなれていったりすることも。人間関係のトラブルなどもあって、浮き沈みの多い人生になるかも。でも、まわりの人たちとの協調性をたもつように心がけていれば、孤立することはさけられるはず。

会話をするときは、自分の話ばかりしないで、相手の話もよく聞こう。それから、いつも感謝の気持ちをわすれずに。

28画 困難の波にみずから立ちむかう 注目のチャレンジャー

強い意志をもって、みずから困難の波に立ちむかい、チャレンジしていく人生を歩みそう。行動範囲が広く、自然とまわりから注目されるような目立った存在になるかも。力不足やトラブル、欲のだしすぎなどで失敗し、がっくりと落ちこんでしまうこともあれば、人から非難されて、なかなか立ちなおれなくなることも。でも、波にのれれば大きな成功をつかむことができそう。

友だちは多いけど、いつも孤独を感じているかも。いやなことがあっても考えすぎず、むりをしないように。

29画 バイタリティーにあふれ、頭脳明晰 若いうちから成功をおさめる人生

いきいきとした生命力とめぐまれた才能で、若いうちから成功を手にするかも。頭の回転がはやく、強い意志をもち、社会的な地位を得られそう。物事の本質をみぬく力があり、したたかで計算高い一面も。でも、じっとしていることが苦手で、ひとつのところにとどまっていることはあまりなさそう。また、完璧主義なので、思いどおりにならないと不満がたまって、ストレスをかかえてしまうことも。

 ギリギリにならないとやらないタイプなので、はやめに物事をすすめるようにしよう。また、心の切りかえが大事。

30画 よいことと悪いことが交互にやってくる 運命的な何かがはたらくことも

よいことと悪いことが、かわるがわるおきる人生になりそう。自分の意思とはちがった運命的なものがはたらいて、人生がすすんでいくかも。自分の好きなことを仕事にする場合が多く、積極的にとりくんでいきそう。基本的には明るくてやさしい性格の持ち主なので、友だちは多そう。でも、気分にムラがあり、だれにもあいたがらずにひきこもってしまうことも。

 運がむいていないときは、あまりむりをしないで。やらなければいけないことを、ふだんからこつこつとやっていこう。

31画 なみはずれた勇気とすぐれた判断力でリーダーとしての名声を得る

人の上に立つリーダーとして、勇気と才能を発揮し、名声を得る人生。どんな状況でも冷静に判断し、たくさんの人をまちがえずにみちびける力の持ち主。また、温厚な性格で、面倒見もよく、みんなからたよられる存在に。意志の力が強く、決めたことは最後までやりぬくはず。

 感謝の気持ちをもったら、それがちゃんと伝わるように表現しよう。夢や目標をはっきりイメージしながら努力しよう。

32画 ゆたかな才能とチャンスにめぐまれだれからも愛されるハッピーな人生

ゆたかな才能をもち、その才能をいかすチャンスにもめぐまれている。天のめぐみをいっぱいうけて、ハッピーな人生を歩んでいきそう。まわりの人たちと調和しながら生きていき、だれからも愛され、年をかさねるにしたがって、ますます信頼を得ることに。苦労しなくても地位や名誉が手にはいるかも。もし困難なことがあっても、助けてくれる人があらわれて、再スタートが切れるはず。

 ふだんから、まわりに感謝の気持ちを伝えるようにすれば、運勢はますますアップ。自分にできることは自分でやろう。

33画 信念をまげない豪快な野心家 知恵と勇気で道を切りひらく

強力なエネルギーがみなぎる野心家で、豪快に道を切りひらいて成功をおさめそう。かなりの負けずぎらいで、どんなことがあっても、自分の信念をおしとおそうとする。知恵と勇気をかねそなえているうえに、面倒見もよいので、よきリーダーとして、まわりのみんなにしたわれそう。

はげしい運勢なので、体がついていけなくなる人も。体力づくりを欠かさずつづけよう。

34画 若くして学問や芸術で成功 あふれるパワーでアップかダウンか？

若いころから、学問や芸術の分野で成功をおさめることになりそう。そのあとは、さらに運勢があがるパターンと、いっきにさがるパターンのふたつの道にわかれることに。どちらにしても、パワーがあふれすぎて、感情をむきだしにしたり、我をとおしたりして、トラブルをまねきがち。また、いったん悪いことがおきると、つづけざまに悪いことがかさなるので、気をつけて。初心をわすれずにいるとよいかも。

自分の力を過信し、うぬぼれだすとトラブルになりかねない。いつも謙虚な心をもって、努力をつづけよう。

35画 やさしくおだやかで誠実 満ちたりた人生に

やさしくおだやかな性格で、人に対して誠実に接し、満ちたりた人生を送りそう。自分だけが前にすすもうとすることはなく、知恵もあって人柄もよいので、みんなから尊敬されそう。また、ゆたかな感性をもち、手先が器用なので、芸術や学問の分野で活躍するかも。ただ、自分から積極的に行動することはなく、自分の意見をはっきりいえないので、いやなことをさせられてこまったりすることもありそう。

たのまれごとはなんでもひきうけてしまうので、余裕がなくなり、結局、むりをすることに。しっかりことわろう。

36画 専門的な分野で活躍する実力派 浮き沈みの多い波瀾万丈の人生

専門的な分野で実力を発揮し、成功しそう。おだやかな生活にあこがれながらも、実際には、浮き沈みの多い波瀾万丈の人生になってしまうかも。思いやりがあって、心がやさしいばかりでなく、正義を重んじて、強きをくじき、弱きを助ける性格がわざわいして、トラブルにまきこまれてしまうことも。また、人の意見に左右されやすく、深く考えずに行動にうつしてしまって、それが失敗につながることも。

あせらず、冷静に考えてから行動しよう。また、感情の波がはげしいので、できるだけ笑顔でいられるように。

37画 マイペースで努力をつづけ大成功をおさめる人生

だれにもたよらず、マイペースで地道に努力をつづけ、大成功をおさめる人生になりそう。性格はおとなしく、ひかえめだけど、面倒見がよいので、まわりからたよられる存在に。また、自分の力に慢心することなく、ミエっぱりでもないので、人々から信頼を得られそう。困難や難問にぶつかることがたくさんあるけど、そのたびにくじけず努力して、やりとげるはず。ミュージシャンやキャラクターにはまることも。

なんでも自分ひとりでやろうとしがちなので、むりをせず、人にやってもらえることは、できるだけまかせよう。

38画 芸能や芸術の分野で才能を発揮 強い意志とスタミナさえあれば成功に

知性があり、手先が器用で、まじめな努力家。芸能や芸術の分野で才能を発揮。とっさの行動力はあるけど、忍耐力はあまりなく、何かをはじめても、とちゅうで息切れすることも。でも、ゆたかな才能をもっているので、強い意志とスタミナがあれば成功するはず。ひかえめな性格で、自分の能力をこえるようなことには手をだそうとしないけど、じつは野心家で、ライバルが出現すると、はりきることも。

健康に気をつけて、よきライバルをもとう。まだやれそうだと思ったことはつづけてみよう。思いがけず力が発揮できるかも。

39画 抜群の知性と体力の持ち主　努力すればするほどハッピーな人生に

　抜群の知性と体力をもち、どんな困難にぶちあたっても解決できる力がある。努力すればするほど前進し、大成功をおさめて、ハッピーな人生になりそう。ただ波乱も多く、油断すると、運勢がいっきにダウンすることも。また、人柄がよく、あふれる魅力をそなえているので、リーダー的存在になるかも。何か問題がおきても、あまり落ちこまずに、しっかりと前むきに解決していきそう。

いつも明るく、落ちついた気持ちでいられるように。がんばりすぎて、不注意からケガをしないように気をつけよう。

40画 好奇心旺盛でスリルが大好き　刺激的な体験をもとめる人生

　好奇心が旺盛で、スリルを味わうことが大好き。平凡でおだやかな生活はあまりこのまず、刺激的な体験をもとめて生きていくことになるかも。ただ、はげしく運勢がかわりがちで、成功したと思ったら、いっきに転落してしまうなんてことも。波乱の多い人生になりそう。

刺激をもとめて危険なところへとびこむのは、まわりに迷惑になるので気をつけよう。問題がおきたら冷静に対処を。

41画 気品があり、人望が厚い みんなから好かれるゆたかな人生

言葉づかいや身のこなしがやわらかく、気品があり、それがかざらない魅力となって、みんながあこがれるような存在に。多くの人からしたわれて、ゆたかな人生を送れそう。純粋な心の持ち主で、正義感が強く、人のためによくつくすので、信頼されるリーダーになるかも。目標が大きいほど、前むきにとりくんで、成功を手にいれるはず。スター性があって、芸能や芸術の分野で才能をいかせそう。

 たまったストレスは、食事やショッピングで発散できそう。スポーツなど、体を使った方法で発散してもいいかも。

42画 博学で高い能力の持ち主 ひかえめで目立たず生きる

人当たりはよいけど、ひかえめで目立つのが苦手。博学で、しかも高い能力があるのに、それをいかしきれないことが多そう。欲も競争心もあまりないので、人前に立ってまで社会で活躍しようとは思わないかも。また、器用でなんでもすぐにできるけど、努力してまでつづけようとはしなさそう。

 ストレスに弱く、ある日、ぶちきれて大変なことをしてしまう可能性があるので要注意。もっと自分の能力を信じよう。

43画 才能があり、強力なパワーの持ち主 はなやかで豪快な人生

　強力なパワーの持ち主で、はなやかで豪快な人生を送りそう。高い能力をもっていて、人の意見などは聞こうともせず、自分の思うがままに生きていこうとしがち。その結果、人をおしのけてしまうことも。でも、意外と肝心なときに、いうべきことがいえなかったり、ことわるべきことがことわれなかったりすることもあるはず。楽をしようとして知恵をはたらかせ、かえって苦労してしまうなんてこともあるかも。

　浅はかな知恵をはたらかせるよりも、こつこつと小さな努力をつづけることが大事。お金の使いすぎに気をつけよう。

44画 ありふれた人生をよしとせず スペシャリストとして才能を発揮

　ごくありふれた人生をきらって、特定の分野のスペシャリストとして才能を発揮するかも。理想は高く、努力をつづければ、事業家や発明家などとして大成功する可能性もありそう。ただ、人の意見やアドバイスを無視したり、地道な努力をつづけなかったりすると、才能がいかされることなく、苦労だけの人生になってしまうことも。社交的な面もあって、友だちは多いけど、トラブルも少なくなさそう。

　自分のことばかり考えずに、まわりの人への気づかいをわすれずにいよう。とくに感謝の気持ちはきちんと伝えよう。

45画 決断力、行動力、忍耐力をそなえ 何があっても夢を現実のものに

　強い意志の持ち主で、困難なことや難題が待ちうけていても、それをのりこえて夢をかなえようとする。決断力、行動力、忍耐力をかねそなえ、苦労を苦労と思わないはたらきぶりで努力をおしまないので、大きな成功をおさめることに。また、繊細な面もあり、やさしい心づかいができて面倒見がいいので、よきリーダーとして信頼されそう。地道な努力をつづけながら、まわりの協力も得て、着実に成功への道を歩みそう。

あせると失敗するので、かならず確認を。落ちついた行動がとれるように、早起きして生活のリズムをよくしよう。

46画 大きく変化する運勢に対し 才能と知恵で切り抜ける

　平凡な生活を送ることはできそうもなく、波乱に満ちた人生を歩んでいきそう。たとえば、まずしく苦しい生活から一転して、裕福な生活を手にいれる人生や、ぎゃくに、裕福な生活から一転して、すべてをうしなうトラブルにあうといった人生になるかも。もともとゆたかな才能の持ち主なので、努力すれば、どんどん実力がついていきそう。また、理解してくれる人があらわれれば、才能もぐんぐんのびるはず。

欠点は気にせず、よい面をどんどんのばそう。また、人に利用されないように、いやなことはきっぱりことわろう。

47画 やさしくまじめで才知にあふれ 夢にむかって地道な努力

　こつこつと努力をかさね、ひたすらねがっていた夢をかなえる人生。ゆたかな才能と知恵の持ち主で、やさしくまじめで、みんなから好かれる存在に。ひとりよりも、みんなと活動するほうが、より才能を開花させるかも。センスがよく、アイデアが豊富なので、自分を信じれば、よい結果に。

 不安になったときは、自分を信じて、あせらず努力をつづけて。自分なりのペースをつかんで、集中力をあげよう。

48画 すぐれた人間性と豊富な知識 陰のリーダーとして成功

　すぐれた人間性をもち、知識も知恵も豊富。心がやさしく、だれからも信頼され、めぐまれた運勢のもとに順調に発展し、ハッピーな人生を歩みそう。強い意志の持ち主なので、どんどん成果をあげていけるはずだけど、自分が人前に立つというよりも、陰のリーダーとして、まわりのみんなと協調しながら前進していくほうが得意のはず。強運をもっているので、あまり苦労することもなく生涯を送れそう。

 自分の活動範囲を積極的にひろげて、よい仲間をふやすことができれば、よりハッピーな人生になりそう。

49画
強烈な個性の持ち主
幸運と不運がいれかわる人生

幸運と不運がいれかわる変化の大きい人生になりそう。もともと強烈な個性の持ち主で、若いうちからまわりにインパクトをあたえて成功するけど、手をひろげようとして失敗したり、大きなトラブルをかかえたりすることも。強い意志と覚悟をもって力をつくさないと、仲間がはなれていくかも。

 気分にムラがあるタイプなので、気持ちが大きくなっているときは、まちがった判断をしないように気をひきしめて。

50画
若いころから幸運がおとずれ
注目されるような活躍ぶり

よい運勢が若いうちからめぐってきて、むずかしい学校にみごと合格したり、仕事で大きな成功をおさめたりして、まわりから注目されそう。でも、上むきの運勢をそのまま維持するのはなかなか困難かも。さらに上へ高めようと思うあまり、足もとをすくわれたり、うまい話にだまされたりすることもありそう。こつこつと努力することをわすれなければ、はなやかな生活ではなくても、ハッピーな生活が送れるはず。

 一獲千金をねらったりしないで、努力をつづけて。体をきたえ、心をきたえ、本当の意味での自信を身につけよう。

51画 おとずれたビッグチャンスに才能をいかして大きな成功を

人生のなかで、ビッグチャンスが何度かおとずれそう。自分の才能をみがく努力をつづけていれば、チャンスをいかして大きな成功をとげられるかも。ところが、そのあとの努力をおこたると、手にいれたしあわせをなくしてしまうことに。初心をわすれず、落ちついて事にあたれば、少しずつよくなるはず。もともと強い個性の持ち主で、単調なことを毎日つづけるのは苦手だけど、才能をこつこつとみがいていこう。

精神的に疲れると、体をこわしてしまうことも。まわりとの調和を大切にし、むやみに争ったりしないように。

52画 ゼロから生みだせる能力の持ち主 ねがいがかなう人生に

先をみとおす目をもち、ゼロから何かを生みだせる能力もある。人生の後半になるにしたがって、ねがいがかないそう。性格は明るく前むきで、抜群の行動力をもっている。思いたったら、なんでもすぐにチャレンジし、強い意志で困難や難題をはらいのけながら、最後までやりぬくはず。もともとアイデアマンで、つぎからつぎへとインスピレーションがわき、なみはずれた力を発揮しそう。

あまりにも積極的で、意志が強いので、話す相手を緊張させてしまいがち。笑顔をわすれず、相手の話に耳をかたむけよう。

53画 よきパートナーとともに 安定しない運勢に立ちむかう

運勢は不安定で、人生の前半はいきおいがあるけど、後半になると活気をうしなってしまうか、あるいは、人生の前半は活気があるけど、後半にはいるといきおいをうしなってしまうか、どちらかの流れになる可能性が。住むところも職業もかわりやすく、はなやかな生活にもみえるけど、心のなかでは苦労を背負っている。よきパートナーができて、自分の力を過信することがなければ、問題はおさえられるはず。

自分を必要以上によくみせようとして、かえって自分を苦しめてしまうことに。むりをせず、すなおに感情を表にだそう。

54画 若いころから独立し チャレンジとトラブルの多い人生

直感力があり、頭の回転がはやく、いろんなことにチャレンジしそう。若いころから独立するけど、人にたよることが苦手で、いつのまにか孤立してしまうなんてことも。また、自分の考えをむりにとおそうとして、トラブルになってしまうことも。積極的なタイプで、現場に不満をもつと、ひとりでなんでもやってみようとするけど、努力は苦手。目標も達成できず、結局、とちゅうで失敗することもありそう。

お世話になっている人にはお礼をして、きちんとおつきあいをつづけよう。また、理屈っぽいところには気をつけよう。

55画 はげしい運勢の波にのり 大きな成功を手にする

はげしくいきおいのある運勢をもっているので、その波にうまくのることができれば、大きな成功を手にすることができるはず。でも、気をゆるめて、注意をおこたっていると、運勢がいっきに悪い方向へむかってしまうかも。すぐれた知性の持ち主で、バランス感覚もあり、チャレンジ精神が旺盛な人。情にほだされるようなこともなく、強い意志で冷静な判断ができていれば、大きな成果が得られるはず。

人からたのまれごとをしたときは、なんでもひきうけたりせず、自分にできるか、できないかを判断して対応しよう。

56画 才能は大いにあるけど、まよいの多い人生に

才能は大いにあるけど、根気がなく、決断力や実行力もないので、まよいの多い人生になりそう。悩むだけ悩んで、何もできずにおわってしまうこともあり、おなじトラブルをくりかえすことも。また、そのうちになんとかなるだろうと気楽に思っていて、チャンスをのがしてしまうことも。

自分の人生は自分でつくるという強い気持ちをもとう。また、身近な人が心地よくすごせるように、何かをかえてみよう。

57画 天のめぐみをうけて やりたいことができるハッピーな人生

　かしこくて、しかも勉強家で、思いやりがあるので、みんなからしたわれる。生命力が強く、明るく前むきで、自分のやりたいことができるハッピーな人生が送れそう。まわりの人たちとなかよく調和しながら、大きな困難にぶつかっても、天からのめぐみをうけて助かるはず。その後も、運勢のいきおいはそのままで、活発に成功をおさめそう。独特の感性をもっていて、芸術や学問の分野で成果をあげるかも。

 ふだんから、美術館や博物館、コンサートにでかけるなどして、自分の独特な感性に、さらにみがきをかけておこう。

58画 大きな困難のあと、運勢が上昇 ついにはしあわせを手にいれる

　一度、大きな困難をむかえたあと、年齢をかさねるごとに運勢が上昇し、波瀾万丈の人生のなか、ついには本当のしあわせを得ることに。問題がおきるたびに正面からむきあっていけば、冷静な判断でのりこえていけそう。精神力が弱っていると、努力に結果がともなわないことも。

 失敗は成長するためのよい経験。ささいなことで、よろこんだり悲しんだりせず、強い意志をもちつづけよう。

59画 大人になるまで苦労を知らない 事前の準備が大切に

誕生してから大人になるまで、たいして苦労をしないで成長していきそう。でも、大人になってからは、努力しなければいけない場面に何度も出合うので、大変かも。たとえ自分がどんな失敗をしても、また、どんなトラブルにまきこまれても、まわりに迷惑をかけないよう、うまく対処できるように、前もって準備をしていくことが大事。根気さえあれば、さまざまなことを少しずつ身につけていけるかも。

まよってばかりいないで、できることから少しずつはじめてみよう。人とくらべたりせず、マイペースでつづけよう。

60画 災難に翻弄される人生 マイペースで努力をつづけてしあわせに

自分の才能を信じてチャレンジしつづけ、若いうちから成功を手にするけど、何度も災難にみまわれてしまいそう。プライドが高いおかげで、失敗すると心がくじけ、なかなか再出発ができないかも。そのあいだにチャンスをのがしてしまうことも多く、夢がかなわなかったりすることもあるはず。自分のすがたをみつめなおし、マイペースで努力をつづければ、しあわせな生活がおとずれるはず。

気力がみなぎっていて、調子がよいときこそ、手がたくいったほうがよいときも。健康にはじゅうぶん気をつけて。

61画 強い意志と忍耐力の持ち主
社会的にも経済的にもさかえる人生

　意志が強くて、忍耐力があり、困難なことに出合っても、あせることなくのりこえていく。家族がふえ、社会的にも経済的にもさかえていく人生に。ふだんから、いつチャンスがきてもいいように心がまえをして、いざとなったら自分の能力を発揮する。ただ、ガンコな面があり、コミュニケーションがうまくとれず、トラブルになることも。でも、もともとは親切で、味方もたくさんいるはずなのでだいじょうぶ。

劣等感が強く、相手によって、えらぶったり、へつらったりと、接しかたをかえることがあるので気をつけよう。

62画 災難にみまわれがちな人生
何がおきても深刻に考えない

　いつも受け身で、自分から積極的に行動しようとする気持ちに欠け、そのうち、災難にみまわれて、いきおいをうしなってしまう人生になりがち。何か新しいことをはじめても、根気がなく、とちゅうでやめてしまう。また、問題がおきても、あまり深刻には考えない。人とコミュニケーションをとるのが苦手なので、自分から話題をつくって話しかけたり、相手の話をよく聞いたりするだけでも、改善していくはず。

気力がなく、根気がないのは、パワー不足だから。食事のときはゆっくりと楽しんで、感謝しながらパワーをいただこう。

63画 人間的な魅力にあふれ はなやかでハッピーな人生に

才能があって、品格もあり、人間的な魅力にもあふれ、たくさんの人たちから愛されそう。また、生まれながらの強運で、夢を現実のものにし、はなやかでハッピーな人生が送れそう。こまっている人がいれば手をかしてあげられ、悪いことが身にふりかかってもプラスの方向へかえられるはず。

人とのつきあいで、むりをして気をつかいすぎてしまうこともあるので、適度な距離感をたもつように心がけよう。

64画 強い正義感の持ち主で みずからトラブルのなかに

強い正義感の持ち主で、いつもまじめで、いいかげんなところがなく、自分が正しいと思ったら、すぐに行動する。そして、みずからトラブルのなかにはいったり、アクシデントにみまわれたり。その結果、まわりのものをぶちこわしてしまうなんてこともよくありそう。いったん行動にうつしたものの、結局、思いちがいだったりすることもあれば、人の意見によって、考えがたびたびかわったりすることも。

何か行動にうつす前に、慎重によく状況を判断するように心がけよう。また、気分にムラがあるので気をつけて。

65画 上品で知性があり、明るく正直 順調で、おだやかな人生

人柄がよく、正直で明るい性格で、なんにでもチャレンジする意欲の持ち主。運にめぐまれ、物事が順調に前進して、おだやかな人生になりそう。また、上品で知性もあり、ひかえめなタイプだけど、まわりのみんなからしたわれ、自分の特徴をいかした仕事につきそう。

自分の才能を信じて、夢は大きくもとう。できるだけ具体的に目標をイメージして、それにむかって努力しよう。

66画 しっかり自立して トラブルや困難に冷静に対処

のんびりとしていて、人にやさしく、みんなから人気があるけど、年齢をかさねていくにしたがって、トラブルや困難にみまわれるかも。気持ちが弱くて、ほかの人にたよってしまいがちなので、いつもイライラし、自分への不満な気持ちがもとでトラブルをまねいてしまうかも。甘えをすて、しっかり自立することができれば、落ちついて自分で物事に対処できるし、運勢はいっきに上むくはず。

自分でできることは、なるべく自分でしよう。また、他人に何かしてもらったら、きちんと感謝の気持ちを伝えよう。

67画 有言実行で、若いうちから活躍 思いどおりの人生に

　有言実行タイプで、やりたいことや目標をあえて口にだし、それが実現できるように努力していく。若いうちから活躍し、夢をかなえて、思いどおりの人生を歩めそう。まじめで、しかも、人間関係をスムーズなものにする能力があり、人を動かす力ももっているので、目上の人からひきたてられ、富も名声も手にいれられそう。おなじ年代の人たちから、ねたまれることもあるけど、あまり気にすることもなさそう。

　だれかと衝突しても、あまり落ちこむことはなさそうだけど、気分にムラがあるときは、事故やケガに気をつけよう。

68画 すぐれた才能と豊富な知識 努力をつみかさね、成功を手に

　すぐれた才能をもち、知識も豊富。強い精神力の持ち主で、決めたことは最後までやりぬくタイプ。努力をつみかさねながら成功していきそう。うわついたところがなく、非常にまじめなので、まわりからの信頼が厚く、評価も高そう。また、何かこまったときには、アドバイスしてくれる人や、援助してくれる人があらわれるはず。一生、お金にこまることはなく、地位や名誉も手にいれられそう。

　がんばりすぎるより、少し休んだほうが才能を発揮できそう。人がよく、だまされやすいので気をつけよう。

69画 何度か大金を手にする ふしぎで強運な人生

　一生のうちに、何度か大金を手にする運勢をもっている。ただし、若いうちに大金をもってしまうと、はたらく気持ちがうすれ、だらけた生活を送ってしまうことも。また、苦労して手にいれたお金ではないので、パーッとすぐに使いはたしてしまうことも。波のある人生になるかもしれないけど、心がまえをして、こつこつと努力することをわすれなければ、お金にふりまわされる人生にはならないはず。

ひらきなおりとあきらめが肝心。困難にみまわれたときは、マイナス思考におちいらずに、プラス思考を心がけよう。

70画 住まいや仕事がかわりやすい 変化を楽しむ気持ちで、よい人生に

　自分の気持ちや意思とは関係なく、住まいや仕事がかわりやすい運勢をもっている。つねにゆれ動くような安定しない人生になりそう。もともと知恵があって器用なだけに、手をぬいてしまうくせがあるかも。人間関係では、気をつかってストレスをためるタイプなので、積極的に人とコミュニケーションをとろうとはしないかも。でも、変化を楽しむ気持ちと、自立心をもつことができれば、よい人生が送れるはず。

人と接するときは、自分から積極的に。また、買い物をするときは計画を立て、お金の使いすぎに注意しよう。

71画 行動する前にじっくり考え 年齢をかさねてしあわせな人生に

何事に対しても、すぐに行動はせず、まずはじっくりと考えるタイプ。若いうちは思いどおりにいかないかもしれないけど、強い意志があれば、努力をおこたることはないので、年齢をかさねていくうちに安定したしあわせを手にいれられるはず。決断がおそくて、実行力がないようにも思われがちだけど、マイペースですすむことが大事。気持ちをふるいたたせてくれるような人と出会えれば、大いに飛躍するかも。

責任感が強すぎる傾向にあるので、心に余裕をもつようにしよう。チャンスがきたら、勇気をもってチャレンジを。

72画 たくさんの趣味をもち 好きなことだけをしていきたい自由人

たくさんの趣味をもち、好きなことだけをしていきたいと思っている自由人。大きいことを口にはするけど、行動がともなわないなんてことも。人生の前半はツキもあって運勢もよいが、後半になると運勢が下降してしまうかも。器用でかしこく、仕事はできるけど、お金に執着はなさそう。

家族を大切にしよう。そうすれば、外で活動するエネルギーがわいてくるはず。また、規則正しい生活を心がけよう。

73画 なかなか順調にいかない人生 最終的にはしあわせを手にいれる

なかなか順調には運ばない人生だけど、最終的にはしあわせが得られそう。器用で、なんでもできてしまうタイプだけど、自己主張が強くて、理想が高すぎるので、能力がともなわない若いうちは、まわりとぶつかったりして、失敗ばかりしそう。でも、努力をつづけて経験をつんでいけば、失敗は少なくなるはず。人に対しても余裕をもって接することができるようになり、最終的には安定したしあわせを手にいれるはず。

 自分のペースをたもつことが大事。自分にも、他人にも完璧をもとめすぎず、失敗してもあまりイライラしないように。

74画 若いころは充実した生活 体力が落ちると、なりゆきまかせに!?

若いころは充実した生活を送りそうだけど、体力が落ちてくる中年期以降はいろんな問題がおきて、その流れにさからえず、なりゆきまかせになってしまうかも。精神的にも安定せず、健康をそこなってしまう可能性も。人柄はよいけど、人をみる目があまりなく、トラブルにまきこまれそう。

 何かスポーツをして、しっかりと体力をつけよう。また、何事も人まかせにはせず、自分で積極的に動くようにしよう。

**まじめで手がたいタイプ
努力をつみかさねてしあわせに**

　まじめで手がたい性格で、つみかさねてきた努力が最終的に実って、しあわせを手にいれる人生になりそう。困難なことに出合うかもしれないけど、そのたびに正面からとりくんで、おしまず努力をしつづける。欲をだしすぎてあせったり、むりをしすぎたりしなければ、いずれ結果はでるはず。出世や名声などよりも、おだやかな愛のある日々を大切だと考えていて、自分でもそのような生活を送りそう。

 まじめすぎる性格がまわりを緊張させてしまうことも。みんながリラックスできるようなふんいきづくりを心がけよう。

 **理想が高く、プライドも高い
周囲と調和しない孤高の人**

　能力が高く、器用に物事をこなせるので、すぐに結果をだせそう。でも、プライドが高く、自己中心的な面があるので、まわりの反感を買って、うまくいかないことも。また、理想が高く、それを人に対しても強要しがちなので、思いどおりにいかず、イラつくことも。気持ちを伝えるのがへたで、誤解されることも多く、どこへいっても人間関係には苦労しそう。いつのまにか、孤立してしまうなんてことも。

 自分の能力をとことんみがきつづけよう。また、気配りをわすれず、人の短所でなく、長所をみてつきあうようにしよう。

77画 よいことと悪いことが交互に 大きな成功も大きな困難もある人生

　よいことと悪いことがかわるがわるにやってくる、七転び八起きの人生になりそう。大きな成功もあるけど、大きな困難も待ちうけている。明るくすなおな性格なので、人から愛され、こまったときにはだれかが助けてくれるはず。若いうちに苦労して実力をつけておけば、年齢をかさねていくにしたがって、運勢は上むきになり、大きなトラブルがあっても克服できるはず。

　人にたよりすぎる傾向があるので注意しよう。また、人がよすぎるので、だまされたりしないように気をつけて。

78画 まわりからの信頼が厚く 専門分野で活躍

　豊富な知識をもち、専門分野で能力を発揮しそう。温和で人あたりがよいので、まわりからの信頼が厚く、たくさんの協力を得ながら、充実した生活を送れそう。また、強い意志の持ち主で、困難をのりこえる力をもっている。でも、その強さが悪い方向へいくと、自分の力を過信したうえに我をとおそうとするので、人の意見も聞かず、まわりに迷惑をかけたり、みずから苦労を背負ったりしてしまうことも。

　忠告されると反対のことをやってしまいがちな天の邪鬼なので要注意。意見やアドバイスをくれる人を大事にしよう。

79画
まじめでバイタリティーにあふれ
年齢をかさねるにつれて運勢アップ

まじめでバイタリティーにあふれ、まかされたことはしっかりこなす。努力をつづけ、年齢をかさねるにつれて、運勢が上むきそう。ただし、人によくみられようとして大きなことをいってしまい、自分で苦労を背負いこむことも。慎重な行動をとるように心がければ、災難からのがれられそう。

心がやさしい面が裏目にでて、まわりに迷惑をかけることもあるので気をつけよう。ストレスはスポーツで発散しよう。

80画
多くの壁が待ちうける
繊細で孤独を愛する人生

神経が繊細で、キズつきやすいタイプなので、壁につきあたることが多く、波のはげしい人生になりそう。まじめな性格だけど、人とつきあうことがわずらわしく、だれかといっしょに何かをするということが苦手。集団生活とか、社会生活といったもののなかでは、あまりなじめず、うまくいかなさそう。社会的な成功にもほとんど関心はなく、周囲からは孤独な生活にみえても、本人はいたって平気かも。

ストレスをためず、健康にはじゅうぶん気をつけよう。病気をしているときは、けっしてむりをしないこと。

▶81画以降は、また1画にもどります。81画は1画、82画は2画というように解説をみてください。

幸運をよぶ総画数

姓名の総画数をもとにして、運勢のよい画数を男女別にまとめました。1画～80画のうち、非常によい運勢の画数を「最強」、そのつぎによい画数を「幸運」、そのつぎによい画数を「吉数」として、下の表に記してあります。「最強」は男女に各5、「幸運」は男女に各5、「吉数」は、女性に27、男性に28あります。

女性

1画	2画	3画	4画	5画	6画	7画	8画	9画	10画
吉数		吉数		吉数		吉数	吉数		
11画	12画	13画	14画	15画	16画	17画	18画	19画	20画
幸運		最強		最強	吉数	吉数	吉数		
21画	22画	23画	24画	25画	26画	27画	28画	29画	30画
幸運		吉数	最強	吉数				吉数	
31画	32画	33画	34画	35画	36画	37画	38画	39画	40画
最強	幸運					幸運		吉数	
41画	42画	43画	44画	45画	46画	47画	48画	49画	50画
最強				吉数		吉数	幸運		
51画	52画	53画	54画	55画	56画	57画	58画	59画	60画
	吉数					吉数	吉数		
61画	62画	63画	64画	65画	66画	67画	68画	69画	70画
吉数		吉数		吉数		吉数	吉数		
71画	72画	73画	74画	75画	76画	77画	78画	79画	80画
吉数		吉数		吉数		吉数	吉数		

よく「名前負け」などという言葉を耳にしますが、名前がりっぱなのに、その人の人生がぱっとしないことがあります。その一方で、運勢のよくない画数の名前でも、成功する人はたくさんいます。名前というのは、いろいろな側面をもっていて、その人の生まれもったエネルギーが強くて、名前をうまく運用する方法さえ知っていれば、悪い運勢の波さえもチャンスにかえることができるのです。自分の姓名の画数がよくなくて、どうしてもいやな場合は、画数のよいもうひとつの名前、セカンドネーム(くわしくはp.104)を考えて、それを使うようにしてもよいかもしれません。

男性

1画	2画	3画	4画	5画	6画	7画	8画	9画	10画
吉数		吉数		吉数		吉数	吉数		
11画	12画	13画	14画	15画	16画	17画	18画	19画	20画
吉数		幸運		幸運	最強	吉数	吉数		
21画	22画	23画	24画	25画	26画	27画	28画	29画	30画
最強		最強	幸運	吉数				吉数	
31画	32画	33画	34画	35画	36画	37画	38画	39画	40画
最強	吉数	幸運				吉数		幸運	
41画	42画	43画	44画	45画	46画	47画	48画	49画	50画
最強				吉数		吉数	吉数		
51画	52画	53画	54画	55画	56画	57画	58画	59画	60画
	吉数					吉数	吉数		
61画	62画	63画	64画	65画	66画	67画	68画	69画	70画
吉数		吉数		吉数		吉数	吉数		
71画	72画	73画	74画	75画	76画	77画	78画	79画	80画
吉数		吉数		吉数		吉数	吉数		

セカンドネームをつけよう!

　名前は、それぞれがダイヤモンドの原石です。自分の名前をよく知って、みがいていかなければ、その力が発揮されることはありません。何かトラブルがあったとき、名前はその人のお守りにもなってくれるのです。

　でも、自分の名前がどうしても気にいらないこともあるかもしれません。そんな場合は、セカンドネーム(第二の名前)を考えてみるのもいいでしょう。戸籍の名前は、大切にしなければいけませんし、改名するのは大変です。そこで、もうひとつの名前をもつことをおすすめします。

　よい画数にするために、まったくちがう名前を考えるのもいいですが、名前の最後の文字をとったり、別の文字にかえたり、名前の最後に文字をくわえたりしてもいいでしょう。また、名前の読みはかえずに、漢字だけかえるのもいいでしょう。セカンドネームをもつことで、可能性がひろがります。

セカンドネームの例

最後の文字をとる
奈々美→奈々
玲菜→玲

最後の文字をかえる
優華→優菜
瀬里→瀬良

名前の最後に文字をくわえる
美由→美由香
結衣→結衣奈

読みはかえずに漢字だけかえる
真奈→麻菜
志織→栞

第4章

画数で占う才能と職業

「極」であなたにむいた職業がわかる

　第3章では、名字と名前で使われているすべての文字の総画数から、人生の傾向や大きな流れをみていきましたが、この章では、「極」による占いを紹介しましょう。「極」とは、名字の最初の文字の画数と、名前の最後の文字の画数をたした数のことです。仕事などを選ぶ際の適性をみるときに役立ちます。名字の最初の文字は、天からのインスピレーションをうける頭に相当し、名前の最後の文字は、体をささえ、安定させる足に相当しています。

　自分にあった仕事を選ぶ際、理想や夢、やりがいといった心の面と、実際の生活をするうえでの経済的な面のふたつの側面が大切になります。夢を追いかけるだけでは生活していけませんし、お金がもうかるからといってしあわせになれるともかぎらないからです。この心の面と経済的な面の両面をみるのに役立てられるのが、「極」になるというわけです。

　みなさんのなかには、もうすでに、こんな職業につきたいという夢がある人もいれば、まだ、どんな職業につきたいかわからないという人もいるでしょう。でも、若いうちから準備しないといけない職業もあるので、自分がどんな仕事がしたいのか、自分にはどんな仕事があっているのか、そういったことをはやいうちから考えておくことは、人生をより有意

義にするはずです。また、自分のことをよく理解できれば、まよいなく、目標にむけて努力をすることができます。最初のうちはどんなに遠くにみえていた夢でも、努力をおこたらずにすすんでいけば、少しずつ夢に近づいていけるものです。

いろんな職業があるなかで、やりたい職業につける人もいれば、そうでない人もいます。人生にはいろんなことがあり、努力するだ

けではだめな場合もあります。でも、自分がうけたインスピレーションを大切にし、まよいなく道を切りひらこうと努力をつづけなければ、自分の才能を最大限に発揮することはできません。自分がその仕事にむいた適性をもっているかどうか、また、その職業につくために才能をみがく努力をする強い意志をもちつづけられるかどうか、この占いが役立てられればいいと思います。

この本では、「極」のタイプを、合計した画数の下1けたによって、10のタイプにわけています。自分が気づかなかった本当の自分を知り、適した職業をみつけましょう。

「極」のタイプの調べかた

　将来の仕事についての適性を占うために、「極」の画数を調べましょう。まず紙と筆記用具を用意してください。その紙に自分の名字と名前を書いて、名字の最初の文字の画数と、名前の最後の文字の画数をメモします。

　画数のかぞえかたは、58～59ページにある注意を読みましょう。この本では、「極」の画数の下1けたによって、10タイプにわけています。調べたい人のタイプは、どれになったでしょうか。109～118ページにあるタイプからあてはまるものをさがして、解説を読んでください。

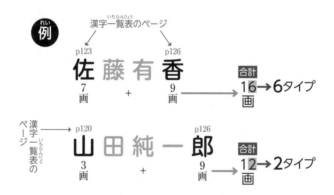

- 画数がいくつかまよったときは、120ページからの「画数チェック 漢字一覧表」で確認しましょう。漢字だけでなく、ひらがな、カタカナ、アルファベットの画数も確認できます。

1タイプ

1画、11画、21画、31画、41画、51画

独創性があって、才能ゆたか
高いこころざしがもてる仕事がおすすめ

独創性があって、ほかの人がまねできないものをつくりだす才能をもっているので、高い目標をかかげてつきすすむ仕事にむいているかも。そして、みんなと共同でおこなう仕事は好きではなく、ひとりでできる仕事がむいていそう。また、じっとしているのが苦手で、自由に行動するのが好きなので、フリーランスの仕事もいいかも。自分の才能をみがくためなら、努力することも苦痛ではなく、いつも前むきに仕事にはげむので、たくさんの人がまわりに集まってくるかも。

人間的な魅力にあふれ、堅実さももちあわせているので、まわりからの信頼も得られそう。その一方、ガンコで強情なタイプでもあるので、そのマイナス面をコントロールできれば成功できるはず。

◀むいている職業▶ タレント、作家、漫画家、ライター、脚本家、放送作家、ファッションデザイナー、ジュエリーデザイナー、メイクアップアーティスト、ネイリスト、美容師、幼稚園教員、学校教員、楽器インストラクターなど。

2タイプ

2画、12画、22画、32画、42画、52画

バランス感覚が必要なプロデュースや人をサポートする仕事がおすすめ

　人のかくれた才能をみつけだして成長させたり、モノの魅力をひきだしてセンスよく伝えたりする才能をもっている。また、時代の先が読めて、バランス感覚にもすぐれている。自分が前にでるというよりは、たくさんの人をいかして全体を統轄し、何かをプロデュースしていくような仕事がむいていそう。

　また、しんぼう強いタイプで、ていねいでこまやかな作業をする仕事がむいているかも。そのほか、人をサポートするような仕事や、器用な手先をいかして人を美しくする仕事のほか、気がきいていて心がこまやかなので、そういった性質をいかした仕事などもむいていそう。

◀むいている職業▶ 映像プロデューサー、音楽プロデューサー、WEBプロデューサー、ディレクター、建築士、設計コンサルタント、技術者、秘書、マネージャー、各種インストラクター、美容師、メイクアップアーティスト、ネイリスト、エステティシャン、アロマテラピスト、リフレクソロジスト、電気・ガス・水道関連従事者、公務員、警察官、外交官など。

3タイプ

3画、13画、23画、33画、43画、53画

知的でカリスマ性の持ち主
何かを伝えて表現する仕事にむいていそう

人々の心をひきつけ、夢中にしてしまうような魅力をもち、知的でコミュニケーション能力にすぐれている。また、感受性がゆたかなので、たくさんの人に何かを伝えたり、表現したりする仕事がむいていそう。

性格的には、明るく前むき、エネルギッシュなタイプで、積極的に社会にでていくので、はなやかで目立つ存在になりそう。また、正義感が強く、いつも問題意識が高いので、社会的な弱者の味方になろうとして立ちあがることも。年上からはかわいがられ、年下の人には面倒見がよいので、ピンチのときには、いろんな人たちからアドバイスをもらえたり、援助がうけられたりするかも。

◀むいている職業▶ ジャーナリスト、新聞記者、ルポライター、アナウンサー、画家、音楽家、研究者、俳優、歌手、声優、フラワーデザイナー、生け花の講師、生花販売員、クラフトハンドメイドマスター、きものアドバイザー、楽器インストラクター、スポーツインストラクター、ヨガインストラクター、語学学校の講師、マナー教室の講師、会社の広報関連従事者など。

4タイプ

4画、14画、24画、34画、44画、54画

破壊する力と創造する力をもち
自分の世界を表現する仕事がおすすめ

感性がとてもゆたかで、相反するふたつの性格をもちあわせている人。すでにあるものを破壊する能力と、新しいものを一から創造する能力をあわせもっているので、作家、音楽家、アーティストといった、自分の世界観を表現していく仕事がむいているかも。

また、心のなかに、慎重な面と軽率な面、おくびょうな面と勇敢で大胆な面、おとなしい面と過激な面といった、極端な二面性をもちあわせているので、人からみると、そのギャップが大きな魅力として感じられるかも。そんな二面性がいかされるような仕事などもむいていそう。家族との縁はうすく、それがかえって、仕事を自由に選べることにもつながるかも。

◀**むいている職業**▶作家、画家、漫画家、音楽家、写真家、イラストレーター、俳優、モデル、編集者、装丁家、美術商、ファッションデザイナー、美容師、メイクアップアーティスト、ネイリスト、エステティシャン、ホテルマン、バイヤー、販売員など。

5タイプ
5画、15画、25画、35画、45画、55画

世界をまたにかけてとびまわる仕事や乗り物を操縦する仕事がおすすめ

　国際的な観点から物事をみることができて、行動が迅速。世界をまたにかけて、いろんな国をとびまわるような仕事がむいていそう。時代によってかわる社会の風潮をすばやく察知することができ、柔軟な性格で理解力があるので、新しい環境にもすぐになじめるはず。

　多才で度胸もあり、乗り物を操縦する仕事や、新しい世界を切りひらく仕事もむいていそう。また、人の体にかかわる食品や薬品関係の仕事や、土をあつかう仕事などもむいているかも。

　性格はやさしく、あたたかい心の持ち主で、しかも、すぐれた見識と正しい判断力をもっているので、まわりの人たちから厚い信頼が得られそう。

◀むいている職業▶ 宇宙飛行士、パイロット、電車の運転士、バスの運転手、タクシードライバー、トラックの運転手、冒険家、探検家、旅行雑誌のライター、ツアーコンダクター、食品・薬品・医療機器会社の社員、道路建設・鉄道建設・土木作業関連会社の社員、SF作家、映像制作関連従事者など。

6タイプ

6画、16画、26画、36画、46画、56画

器用で臨機応変に対処できる
人のためにはたらく仕事がおすすめ

自分のためにはたらくというよりも、人のためや、社会のためにはたらくことに生きがいを感じるタイプ。社会福祉に関連した仕事にむいているかも。人が今、何をのぞんでいるのか、すばやく気づいて行動することができ、みんながいやがるようなことでも、みずからすすんでやれそう。

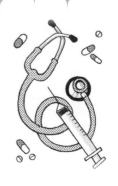

器用なので、どんなこともすぐ上達できるし、考えかたにへんなこだわりがなく、臨機応変に対処できるので、人を相手にするような仕事がむいているかも。

性格は、明るくやさしく、感情をむきだしにすることはあまりなさそう。自分の才能をこつこつとみがいて目標を達成することよりも、こまっている人に手をさしのべ、よろこばれることをのぞみそう。

◀むいている職業▶ 医師、看護師、薬剤師、整体師、保健師、臨床心理士、介護福祉士、理学療法士、社会福祉士、児童福祉士、救急救命士、動物看護師、手話通訳士、言語聴覚士、ケースワーカー、商品プランナー、営業マン、保険外交員、報道記者など。

7タイプ

7画、17画、27画、37画、47画、57画

強い個性の持ち主で、数字に強い
お金をあつかう仕事にむいていそう

まわりを圧倒してしまうほど、強い個性の持ち主。数字に強く、抜群の金銭感覚をもっているので、お金をあつかう仕事にむいていそう。キレ者で、時代の先を読む力をもち、すばやく的確な判断ができるので、大きなお金をじょうずに活用できる。そのうえ、こまかなところにもよく気がつくので、周囲からの評価は高い。

また、自信家で、どんな困難にもくじけることはなさそう。でも、いつも自分を中心に物事を考えてしまうので、意見をゆずったり、おりあいをつけたりすることが得意ではないかも。裏表がない性格だけに、発言はストレートになりがちで、だれかとトラブルをおこしたり、対立したりすることも多いけど、そんなことを気にするタイプでもなく、落ちこむこともそれほどなさそう。

◀むいている職業▶ 投資家、銀行員、証券会社のディーラー、証券アナリスト、会社の事務担当者、会社の経理担当者、俳優、モデル、タレント、ホテルマン、ホテルのコンシェルジュ、キャビンアテンダント、バスガイドなど。

8タイプ

8画、18画、28画、38画、48画、58画

リーダーの素質をもち
人の上に立つ仕事がむいていそう

リーダーとしての素質があり、いつも前むきで明るく、しかも、忍耐強くて面倒見もよいので、人の上に立つ仕事がむいていそう。

時代の先を読むことができ、状況判断がはやいばかりか、勉強家でアイデアが豊富。人とのかかわりかたが非常

にじょうずで、絶妙な距離感でつきあえるので、悪くいわれることはなさそう。また、強い意志の持ち主で、負けずぎらいなので、やりはじめたことは最後までやりとおす。しかも、行動力があって、思いたったらすぐに行動し、最後まで努力をつづけるので、仕事ではかなりの成功をおさめそう。

人をみる目があるので、きっとよいパートナーがみつかるはず。パートナーがよければよいほど、才能も大いに発揮されるはず。

◀むいている職業▶会社の社長や役員、作家、画家、漫画家、評論家、放送作家、演出家、写真家、デザイナー、政治家、芸能プロダクションの経営者、石材業・鉄鋼業の会社経営者や技術者、機械の技術者、建築家、設計士など。

9タイプ

9画、19画、29画、39画、49画

頭の回転がはやく、ヒラメキで行動
勝負師の才能をいかした仕事がおすすめ

ありふれた人生に満足することはなく、会社にはいったとしても、一か所にとどまることはなさそう。頭の回転がはやいうえに、勝負師の才能をもっている。一瞬のヒラメキを行動にうつせて、運気の波にのることができれば、大きな成功をとげられるかも。

性格は、正直で明るく、物おじしないタイプ。器用で、どんなことも手ばやくすませられるうえに、ものごしがやわらかく、だれとでもリラックスして話ができるので、周囲の人たちからは信頼を得られそう。警戒心は強いほうなので、人にスキをみせることはあまりないけど、気持ちが荒れることもあり、そんなときは、人生をよくない方向へむかわせてしまうことも。よいパートナーと出会えれば、運はむいてくるはず。

◀むいている職業▶ 事業家、飲食店の経営者、芸能プロダクションの経営者、遊戯施設の経営者、タレント、ファッションデザイナー、モデル、美容師、美容記者、メイクアップアーティスト、ビューティーアドバイザーなど。

0タイプ

10画、20画、30画、40画、50画

思慮深く大器晩成
専門性のある仕事に縁がありそう

理想が高く、むずかしくてもやりがいのもてる職種につきたいと考えるタイプ。だから、ほかの人があまりやろうとはしない、専門性のある仕事につく可能性も。

知性があって、なんでも器用にこなしてしまうけど、遠慮がちな性格なので、自分をがんがんアピールすることはあまりなさそう。それから、まわりに気をつかいすぎて、ストレスを感じがちなので、ひとりの時間を大切にしながら、マイペースに仕事をつづけそう。

仕事への考えかたは大変きびしく、自分の仕事に対して、満足することはあまりないかも。思慮深く、人の評価に一喜一憂せずに努力をつづけるので、大器晩成で大成功する人も少なくないはず。

◀むいている職業▶ 親からうけついだ職種(会社社長、職人、自営業など)、将棋・囲碁の棋士、競輪・競馬の選手、難病をあつかう医師、樹木医、義肢装具士、臨床工学技士、弁護士、弁理士、児童相談員、生活相談員、占い師、保育士、幼稚園教員、学校教員など。

名前に使えない字もある!?

親にとって、赤ちゃんに名前をつけることは一大イベントです。赤ちゃんが生まれる前から、あれこれと考えたりするものです。戸籍にのせる名前の読みかたについては、基本的には自由で、制限はありません。でも、名前に使う字については、いろいろと制限がもうけられています。

戸籍で使える字
常用漢字
人名用漢字
ひらがな
カタカナ
くりかえし符合（ゝ、ゞ、々）
長音符号（ー）など

戸籍で使えない字
アラビア数字（1、2、3）
ローマ数字（Ⅰ、Ⅱ、Ⅲ）
アルファベット（ABC、abc）
記号（○、×、〜、☆）など

名前に使える字には、漢字、ひらがな、カタカナなどがあります。漢字は、常用漢字と人名用漢字の約3000字。ひらがなやカタカナでは、旧仮名づかいの「ゐ」「ゑ」「ヰ」「ヱ」も使えます。また、長音をあらわす符合「ー」や、くりかえしの符合「ゝ」「ゞ」「々」も名前に使えます。「一」「二」「三」などの漢数字は、常用漢字にもふくまれていて、名前に使えます。ところが、「1」「2」「3」などのアラビア数字や、「Ⅰ」「Ⅱ」「Ⅲ」などのローマ数字は使えず、また、「A」「B」「C」や「a」「b」「c」などのアルファベットも使えません。それから、「○」「×」「〜」「☆」「◆」などの記号も使えないのです。

漢字の画数

　漢字は画数の少ない順からならんでいます。おなじ画数のなかでは、読み（多くは音読み）の五十音順にならんでいます。名前の漢字の画数を知りたいときは、この一覧表で確認しましょう。自分で予想した画数の欄にその漢字がなかったら、前後の画数の欄を確認してください。

　なお、139 ～ 141 ページには、ひらがな、カタカナ、アルファベットの画数を記載しています。

1画　一　乙

2画　九　七　十　人　乃　丁　刀　二　入
　　　八　卜　又　了　力

3画　巳　下　干　丸　乞　久　及　弓　巾
　　　己　口　工　叉　才　三　山　士　子
　　　之　巴　勺　女　小　上　丈　刃　寸
　　　夕　千　川　大　土　亡　凡　万　也
　　　与

4画　引　允　云　円　王　化　火　牙　介
　　　刈　牛　凶　斤　区　欠　月　犬　元
　　　幻　戸　五　互　午　公　勾　孔　今

少 升 甘 収 手 尺 氏 止 支
爪 双 切 斗 井 水 壬 仁 心 冗
内 屯 斗 天 弔 丑 中 丹 太
父 夫 不 匹 比 反 巴 日 勾
勿 毛 木 乏 方 片 文 分 仏
　 　 　 六 予 尤 友 厄 匁

5画

禾 可 加 央 凹 永 右 以 圧
叶 巨 去 旧 丘 甘 刊 外 瓦
功 乎 込 古 玄 穴 兄 句 玉
札 冊 左 号 弘 尻 甲 広 巧
示 只 仔 矢 市 四 司 史 仕
処 且 出 汁 囚 主 写 失 叱
仙 石 斥 井 生 正 世 申 召
汀 庁 旦 瓜 台 代 打 他 占
犯 氾 半 白 尼 凸 冬 奴 田
平 丙 払 布 付 氷 疋 必 皮
本 北 卯 包 戊 母 正 辺 皿
立 用 幼 由 目 矛 民 未 末
　 　 　 　 　 　 　 礼 令

6画　羽　亥　肌　匡　交　互　弛　守　汝　汐　多　兆　肉　米　吏
　　　宇　会　気　叫　伍　亘　芝　式　如　西　存　虫　弐　伏　羊
　　　芋　灰　机　共　件　行　至　而　巡　成　争　仲　凪　百　有
　　　因　回　危　臼　血　考　糸　自　旬　迅　早　竹　同　妃　妄
　　　印　瓜　伎　朽　圭　江　死　耳　充　尽　壮　池　当　汎　名　肋
　　　夷　仮　企　吸　刑　好　旨　次　収　色　全　地　灯　帆　牟　老
　　　伊　汚　缶　休　旭　后　在　寺　舟　丞　尖　団　吐　伐　毎　劣
　　　衣　亦　汗　扱　曲　向　再　字　州　庄　先　托　伝　年　朴　列
　　　安　曳　各　吉　仰　光　合　此　朱　匠　舌　宅　辻　任　忙　両

7画　亜　杏　位　囲　医　壱　迂　応　邑
　　　何　花　伽　我　快　戒　改　芥　角

技亨芸孝困志秀状吹足男辿那麦尾歩没抑冷
汽狂系坑谷伺寿条囚束但弟吞伯庇返防妖良
忌玖形吾告杉灼肖辰即沢廷沌殻批別忘余李弄
希灸君冴克作車抄辛宋択呈豆貝否兵妨酉里労
岐汲吟呉劫材社床身壮体低投芭阪吻坊佑利芦
含究芹言宏災児序芯走対沈努把坂佛邦役卵呂
串求近見更坐似助臣折妥町杜忍判芙芳冶乱伶
肝却均決攻沙孜初伸赤汰肘兎妊伴巫牡妙来戻
完迄局迎抗佐私住杖声村沖佃尿抜扶甫毎沃励

8画　亞阿依委育雨泳英易
　　宛延沿炎奄苑於往押
　　旺欧殴佳価果河苛茄
　　画芽怪拐届劾拡学岳
　　官卷侃函岸岩玩奇祈
　　季其祁宜泣穹居拒拠
　　京享供協況尭金欣具
　　空苦屈径茎券肩弦呼
　　固股虎岡効幸拘肯岬
　　庚昂昊杭肴刻国忽昆
　　昏些妻采刷刹参使刺
　　始姉枝祉肢事侍治兒
　　竺実舎者社邪若尚受
　　呪周宗叔述所杵垂招
　　承昇松沼昌狀帖昔炊
　　枢制姓征性青斉卓析
　　拙狙阻争卒陀注長拓
　　担坦知宙忠抽の迪直
　　枕定底抵邸泥　　迭

突泊卑斧並房沫孟怜
毒拍非附併朋抹盲例
沓杯肥阜坪泡苺茂林
宕拝披怖物法枚免來
到把彼府拂放妹明拉
東波版苗沸抱奔命侑或
妬念板表服宝牧弥油枠
店乳拔泌武奉茅味夜和
典奈迫枇侮歩肪茉門炉

9画
咽音海卷逆衿建胡荒
郁屋悔冠客侠頁枯紅
胃垣臥活祇狭奎故皇
畏怨俄括祈挟勁弧洪
為疫迦革軌峡計孤恆
威栄珈恢紀糾契彦恒
按映珂廻竿級型限厚
娃胤架皆柑急係県侯
哀姻科界看虐軍研後

査 茨 卸 洲 咲 信 省 茜 則 単 珍 怒 派 卑 赴 姥 俣 柚 亮
恨 珊 室 柊 叙 侵 牲 穿 促 殆 勅 度 祢 発 負 保 柾 宥 侶
拷 拶 持 臭 洵 食 星 染 送 退 挑 点 南 畑 計 勉 昧 幽 柳
洸 柵 祉 秋 盾 拭 政 洗 草 胎 柱 姪 突 珀 品 便 盆 勇 律
恰 昨 施 拾 春 茸 是 浅 荘 怠 昼 訂 栃 柏 秒 変 勃 約 俐
巷 削 指 首 俊 浄 帥 泉 相 待 茶 帝 独 盃 昆 柄 昂 耶 洛
虹 哉 思 狩 祝 城 甚 専 奏 耐 段 貞 峠 拜 美 風 冒 籾 要
香 砕 姿 柘 重 乗 神 宣 祖 俗 胆 亭 洞 肺 眉 封 某 面 洋 玲
郊 砂 柿 者 柔 昭 津 窃 前 卽 炭 追 逃 背 飛 侮 胞 迷 祐 厘

10画

悦 華 陷 姫 胸 恵 個 貢 骨 晒 栈 疾 修 純 祥 娠 陣 隻 搜
益 荷 核 帰 恭 郡 原 航 剛 栽 殺 時 酒 殉 症 唇 秦 脊 倉
烏 家 格 鬼 恐 訓 倦 耕 晄 宰 窄 砥 珠 准 消 辱 晋 席 祖
院 夏 害 起 飢 挙 倶 軒 校 紘 挫 朔 脂 殊 隼 将 乗 眞 晟 素
員 恩 桧 記 赳 矩 拳 候 浩 座 索 紙 株 峻 宵 娘 神 逝 租
倭 翁 海 記 笺 狭 剣 桁 晃 紗 財 恣 弱 祝 恕 哨 針 凄 閃
晏 桜 悔 既 宮 峡 兼 悟 倖 差 剤 師 酌 従 除 渉 真 衰 栓
案 俺 峨 莞 桔 脇 倹 娯 高 竣 栖 残 借 臭 徐 笑 浸 粋 扇
挨 宴 蚊 栞 氣 脅 桂 庫 降 根 柴 蚕 射 袖 書 称 振 訊 屑

挿　桑　莊　造　息　捉　速　孫　帯
泰　託　啄　耽　値　恥　致　畜　逐
秩　衷　酎　紐　捗　哲　展　通　庭
逓　悌　挺　釘　荻　討　透　徒　途
倒　凍　唐　烏　桃　納　能　党　套
桐　胴　匿　特　悩　剝　畠　破　馬
俳　配　唄　倍　梅　被　祕　莫　班
畔　般　挽　疲　秘　浮　粉　俵　秤
豹　病　浜　敏　釜　捕　圃　紛　陛
勉　娩　畝　浦　哺　埋　脈　俸　做
峰　砲　峯　剖　紡　哩　浬　眠　冥
耗　紋　祐　容　浴　涼　凌　莉　栗
流　留　竜　旅　料　郎　狼　倫　涙
烈　恋　連　朗　浪

11画　庵　尉　異　萎　惟　域　逸
悪　陰　寅　液　菓　貨　械　晦
淫　涯　殻　郭　喝　渇　乾　勘
崖　貫　陥　菅　基　寄　規　亀
患　頃　埼　崎　掬　脚　救　球

菌渓現皐採産斜習惇紹常推接組族第著陳都動
郷揭牽黄彩惨赦羞術章剰晨責粗側帯紬鳥淀逗
教啓捲梗紺笹捨終粛渉戚措巣逮畫頂転萄
強袈圏控痕砦悉授淑商笙紳惜釧窓袋窒釣添袴
魚堀険康混菜執雀宿唱梢深盛専爽堆断眺笛桶
据掘健梧婚細梓寂從敍捷埴清船曽雫淡彫逞陶
許偶訣袴惚斎偲釈渋渚祥淨崇旋曹舵探張梯盗
虚惧螢絃國祭視蛇脩庶將條彗雪掃唾脱帳偵悼
毬菫経舷黒済斬這週淳訟情酔設巣率琢猪停兜

粘販貧閉望埜莱涼涙
捻舶猫副萌野徠笠累
軟梅描部逢問翌琉淋
捺陪彪冨萌椛欲隆菱
梛培票符捧猛庸粒梁
貪敗畢婦訪務郵略掠
豚排梶敏崩密悠陸崚鹿
得婆晩瓶菩麻唯理陵朗
堂脳絆彬偏眸訳梨猟羚

12画
飲堰開筈閑葵暁隅結
逸援絵渇間稀喬遇戟
粥媛賀葛款貴卿腔揭
爲越過割棺棋御欽恵
椅瑛渦覚敢期虚筋軽
偉詠温凱換揮距琴景
渥営奥街堪幾給勤敬
悪雲焔堺喚喜喫極喰
握運渕階寒雁欺堯寓

圏	堅	検	喧	硯	絢	萱	減	湖		
雇	琥	喉	慌	港	絞	項	黄			
皓	黒	詐	最	裁	策	酢	傘			
散	紫	詞	歯	視	滋	軸	湿			
煮	惹	就	衆	集	竣	循	順			
閨	暑	渚	勝	掌	焼	焦	硝			
粧	詔	証	象	湘	茸	場	畳			
剰	植	殖	森	診	須	遂	随			
婿	晴	惺	棲	甥	税	絶	揃			
善	然	疎	訴	疏	喪	痩	葬			
装	搜	曾	惣	湊	属	粟	尊			
巽	堕	惰	替	貸	琢	達	短			
単	湛	弾	遅	智	着	厨	註			
貯	著	猪	朝	貼	塚	喋	脹			
椎	痛	堤	提	程	都	堵	塔			
搭	棟	湯	痘	登	等	筒	統			
盗	董	童	道	敦	鈍	廃	媒			
買	博	斑	飯	晩	番	悲	扉			
費	斐	備	琵	筆	評	普	葡			
幅	復	雰	焚	塀	遍	補	募	棚		

喩揺硫隈
無揚裡禄
萬釉痢廊
満雄嵐裂
貿遊落塁
棒裕絡琳椀
帽猶遥椋腕
傍湧陽量湾
報愉葉虜惑

13画
煙暇蓋幹嗅愚嫌碁蓑搾蒔準詳腎
園嫁慨寛詰虞傑跨嵯罪辞舜照愼新
溢温解勧義禽隙瑚傲碎慈蒐奨照慎
葦奥楷褐勤詣鼓煌載獅楢傷慎
違圓塊滑毀禁継誇滉歳飼酬暑寝触
意塩雅楽棄僅携源幌塞資愁署触
彙鉛嘩隔頑業傾遣塙催詩腫馴
暗遠靴較漢裾群絹鉱債試煮詢蒸
愛猿禍該感鳩窟献溝裟嗣嫉楯頌

跡 禅 損 置 禎 働 鉢 蒲 滅 傭 溜 賂

靖 践 続 稚 艇 塗 漠 腹 盟 搖 慄 蓮 碗

誠 詮 賊 痴 椿 傳 煤 福 夢 腰 裏 煉 賄

聖 腺 蒼 暖 賃 電 農 楓 幕 溶 酪 廉 話

勢 羨 装 嘆 牒 殿 稔 微 睦 與 雷 零 祿

嵩 煎 想 碓 跳 填 楠 碑 飽 預 裸 鈴 廊

数 戦 僧 滞 腸 鉄 遁 頒 豊 誉 蓉 稟 楼

瑞 節 楚 楠 蓄 溺 頓 煩 蜂 椰 瑶 稜 滝

睡 摂 塑 詫 馳 鼎 督 搬 墓 蒙 楊 虜 路

14画

寡 閣 綺 誤 獄 酸

鳶 概 箕 語 酷 算

演 魁 旗 駆 穀 雑

駅 樺 漢 銀 豪 颯

榮 榎 寛 境 閣 察

蔭 嘉 関 漁 膏 榊

隠 禍 管 廏 酵 際

維 箇 慣 僞 綱 瑳

幹 歌 摑 疑 構 魂

種獎槇碩遭憎團摘寧漂慕慢熊領漣

遮障賑齊総増嘆禎認鼻輔膜網僚練

實彰槙静層像綻綴読緋蔑墨模竪歴

漆署榛誓遡聡端槌徳碑碧僕綿辣暦

爾緒寝製漸綜奪蔦銅閥聞貌鳴遙綸瑠

磁塾裳精銑漕滯肇嶋罰福鳳銘踊綠

漬銃蔣翠銭漱態暢稲髪複鞄蜜瘍緑窪

雌壽摺粹箋槍駄徴適箔腐蓬蔓様緑漏

誌需嘗盡説僧遜嫡滴頗賓暮漫誘綾漏

15画　鞍　慰　遺　影　鋭　謁　閲　縁　緣
　　　横　億　稼　課　價　蝦　餓　駕　潰
　　　確　樂　歓　監　緩　器　畿　輝　嬉

緊	蕎	窮	誼	戯	儀	熙	毅	槻
撃	劇	慧	稽	憬	慶	勲	駐	駒
穀	廣	稿	糊	剣	倹	権	蕨	潔
膝	質	餌	賜	摯	暫	撒	賛	撮
緒	諸	醇	諄	遵	潤	熟	澁	趣
震	審	嘱	縄	蕉	樟	賞	衝	憧
線	潜	節	潟	請	醉	誰	穂	諏
層	痩	箱	踪	槽	噌	撰	選	遷
弾	談	歓	誕	諾	噂	憎	増	蔵
蝶	徴	調	澄	潮	嘲	箸	駐	鋳
撞	稻	踏	撤	徹	敵	鄭	締	墜
賣	賠	輩	罵	播	熱	德	導	樋
廟	標	罷	蕃	盤	磐	幡	範	髮
墳	噴	蕪	撫	舞	賦	膚	敷	賓
褒	舗	篇	編	餅	蔽	弊	幣	憤
窯	憂	黙	魅	摩	墨	撲	暴	鋒
遼	諒	寮	慮	劉	璃	履	樣	養
	論	魯	練	黎	霊	凛	凜	輪

| 16画 | 緯 | 謂 | 衛 | 衞 | 叡 | 謁 | 薗 | 燕 | 横 |

鴨	憶	穏	壊	懐	諧	骸	獲	樫	橋	憲
憾	還	館	機	器	窺	橘	鋸	激
頬	凝	暁	錦	薫	勳	憩	激	衡	鋼
賢	縣	険	諺	鋼	酬	興	輯	獣
縞	墾	錯	諮	錫	儒	樹	薪	親
縦	諸	焼	鞘	壌	嬢	錠	薦	戦
錘	錐	整	醒	静	錆	積	緻	薙
膳	操	樽	醍	黛	濁	壇	橙	篤
築	諦	蹄	賭	糖	頭	燈	避	奮
曇	燃	鮎	濃	薄	縛	繁	薬	諭
壁	縫	膨	謀	磨	麺	黙	龍	療
輸	融	擁	謡	頼	頼	蕾	蕗	録
隣	隷	澪	暦	歴	錬	憐		
録|							

17画 | 曖 | 應 | 臆 | 鍋 | 霞 | 檜 | 嚇 | 轄 | 環 |
磯	徽	擬	犠	戯	鞠	矯	謹	檎
薫	擊	謙	鍵	檢	嚴	講	購	藁
鴻	壕	懇	擦	薩	燦	濕	謝	爵
濡	醜	鍬	縱	縮	駿	曙	償	礁

霜繁謠

燥瞳輿錬

禪膽優嶺齢

鮮擢闇謎瞭

繊聴彌療

績鍛瞥覧

穂濯頻螺

篠戴瓢翼

18画
顔雑繕懲藩曜禮

韓鎖蟬儲難癒壘

観験蹟簞擢薬類

簡顕雛題闘磨臨

顎繭織職藏藤翻糟

額藝織贈轉鞭鯉糧

穣謹穰叢鵜癖藍

鎧襟醤騒鎭璧濫

襖騎瞬礎鎭覆燿鎌

19画
警獣鯛譜類

鏡繡寵瀬離

麒蹴懲曝蘭

願櫛贈爆瀬

蟹識臓覇瀬麓

懐璽藻襦羅瀧

壞鯨繰藻禰羅櫓

艶繋蘇禱鵬霧簾

韻鶏髄顚簿麗

20画	嚴	議	競	響	馨	懸	嚴	護	纂
	鐘	讓	釀	孃	籍	騷	騰	耀	欄

21画	鰯	櫻	鶴	艦	鷄	顧	轟	攝	纏
	飜	魔	躍	欄	露	蠟			

22画	鷗	驚	響	饗	驍	讃	襲	疊	穰
	臟	灘	鑄	聽	覽	籠			

23画	鑑	巖	顯	驗	鷲	纖	鱒

24画	讓	釀	鷹	鱗	麟	鷺

25画	廳

29画	鬱

ひらがなの画数

あ	い	う	え	お					
3画	2画	2画	3画	4画					
か	き	く	け	こ	が	ぎ	ぐ	げ	ご
3画	4画	1画	3画	2画	5画	6画	3画	5画	4画
さ	し	す	せ	そ	ざ	じ	ず	ぜ	ぞ
3画	1画	3画	3画	4画	5画	3画	5画	5画	6画
た	ち	つ	て	と	だ	ぢ	づ	で	ど
4画	3画	1画	2画	2画	6画	5画	3画	4画	4画
な	に	ぬ	ね	の					
5画	3画	3画	4画	1画					
は	ひ	ふ	へ	ほ	ば	び	ぶ	べ	ぼ
4画	2画	4画	1画	5画	6画	4画	6画	3画	7画
ま	み	む	め	も	ぱ	ぴ	ぷ	ぺ	ぽ
4画	3画	3画	2画	3画	5画	3画	5画	2画	6画
や	—	ゆ	—	よ					
3画	—	3画	—	3画					
ら	り	る	れ	ろ					
3画	2画	3画	3画	2画					
わ	ゐ	—	ゑ	を					
3画	3画	—	6画	4画					
ん									
2画									

カタカナの画数は140ページ、アルファベットの画数は141ページをみてください。

カタカナの画数

ア 2画	イ 2画	ウ 3画	エ 3画	オ 3画					
カ 2画	キ 3画	ク 2画	ケ 3画	コ 2画	ガ 4画	ギ 5画	グ 4画	ゲ 5画	ゴ 4画
サ 3画	シ 3画	ス 2画	セ 2画	ソ 2画	ザ 5画	ジ 5画	ズ 4画	ゼ 4画	ゾ 4画
タ 3画	チ 3画	ツ 3画	テ 3画	ト 2画	ダ 5画	ヂ 5画	ヅ 5画	デ 5画	ド 4画
ナ 2画	ニ 2画	ヌ 2画	ネ 4画	ノ 1画					
ハ 2画	ヒ 2画	フ 1画	ヘ 1画	ホ 4画	バ 4画	ビ 4画	ブ 3画	ベ 3画	ボ 6画
マ 2画	ミ 3画	ム 2画	メ 2画	モ 3画	パ 3画	ピ 3画	プ 2画	ペ 2画	ポ 5画
ヤ 2画	—	ユ 2画	—	ヨ 3画					
ラ 2画	リ 2画	ル 2画	レ 1画	ロ 3画					
ワ 2画	ヰ 4画	—	ヱ 3画	ヲ 3画					
ン 2画									

ひらがなの画数は139ページをみてください。

アルファベットの画数

大文字

A	B	C	D	E	F	G	H	I	J
3画	3画	1画	2画	4画	3画	3画	3画	1画	2画

K	L	M	N	O	P	Q	R	S	T
3画	2画	4画	3画	1画	2画	2画	3画	1画	2画

U	V	W	X	Y	Z
1画	2画	4画	2画	3画	3画

小文字

a	b	c	d	e	f	g	h	i	j
2画	2画	1画	2画	2画	2画	3画	2画	2画	2画

k	l	m	n	o	p	q	r	s	t
3画	1画	3画	2画	1画	2画	2画	2画	1画	2画

u	v	w	x	y	z
2画	2画	4画	2画	2画	3画

あとがき

　名前占い、いかがでしたか。名前にはいろいろな秘密がかくされていることがおわかりになったことでしょう。そして、その占いの結果の正確さにおどろかれたはずです。

　音というのはとてもふしぎなもので、ひとつひとつの音に波動があり、それが玉のようにとびかいます。名前という形で、名づけられた人にむけて、その音がつねにあびせられていくうちに、その形のエネルギーにつつまれていき、それが本人の性格や運命をひきだし、影響をあたえていきます。

　この本では、それをできるだけわかりやすい言葉で、いい名前の人には、よりよくなれるようなヒントを、それほどよくない名前の人には、どうしたらそれを改善できるのかを書いてみました。

　もし、あなたが対人関係で悩んだときがあったら、とくにこの本は役に立つことでしょう。

　人の関係は名前の音でつくられています。名前から相手を知れば、その人はどういう考えかたをしていて、どうしたいのかというのがみえてきますから、とてもなかよくなれるきっかけになります。

　仲の悪い友だちや、いじめたりする人がいたら、その名前をみれば、なぜそんなことをしてしまうのかを客観的にみられます。名前の音を調べて、あなたと相性がいいようであれば、いつかわかりあえるときがくるかもしれないので、時間をかけて待てばいいし、相性がよくないようであれば、相性が悪いとあきらめがつき、できればその人からはなれたほうがいい、あるいは、ふたり

だけでなく、第三者もいれて交際すればいいとわかります。人の関係にはいろいろな形があるわけですから、それを名前から知って、柔軟に対応すればいいのです。

わたしたちは、この世に生まれたときには名前はなく、つけてくれただれかがいるはずです。それはこんな子に育ってほしいなというねがいをもってつけられているのです。名前をつけるという行為はこのうえない愛にあふれたものであり、名前をもつあなたは愛されてこの世に送りだされたということをわすれてはならないでしょう。

せっかくいただいた名前もよさを知らなければ、そのみがきかたもわかりません。この本で、自分はどんな波長をもって、どういうことがすぐれているのか、どういうところに気をつけたらいいのかをよく知って行動すれば、どんどんしあわせがやってくるはずです。

あなたの名前をかがやかせて、あなたらしいハッピーな人生を歩んでいってください！

宮沢 みち（みやざわ みち）

運命学研究家・福祉観相家。群馬県生まれ。日本女子大学、同大学院にて社会福祉学専攻。福祉コミュニケーションの普及のために活動し、人と人とのかかわりをより円滑にするためのさまざまな手法を研究。また、福祉的な観点から、個人がよりよい日々を送るための提案やアドバイスをおこなっている。著書に『ハッピーになれる手相占い』（金の星社）、『驚くほど当たる！ リアル手相占い』（永岡書店）、『呼び名の持つパワー 音でわかる名前占い』（日貿出版社）などがある。

- ★ 編集・DTP　ONESTEP
- ★ デザイン　VolumeZone
- ★ イラスト　らうん

愛蔵版 ハッピーになれる名前占い

初 版 発 行　2018年3月
第4刷発行　2020年4月

著　者　宮沢みち
発行所　株式会社 金の星社
　　　　〒111-0056　東京都台東区小島1-4-3
　　　　電話　03-3861-1861（代表）
　　　　FAX　03-3861-1507
　　　　振替　00100-0-64678
　　　　ホームページ　http://www.kinnohoshi.co.jp

印　刷　広研印刷株式会社
製　本　東京美術紙工

NDC148　144p.　18.8cm　ISBN978-4-323-07413-9
©Michi Miyazawa, ONESTEP inc. 2018
Published by KIN-NO-HOSHI SHA, Tokyo, Japan.

乱丁落丁本は、ご面倒ですが、小社販売部宛にご送付下さい。
送料小社負担にてお取替えいたします。

 出版者著作権管理機構 委託出版物
本書の無断複写は著作権法上での例外を除き禁じられています。複写される場合は、そのつど事前に
出版者著作権管理機構（電話 03-3513-6969、FAX 03-3513-6979、e-mail: info@jcopy.or.jp）の許諾を得てください。
※本書を代行業者等の第三者に依頼してスキャンやデジタル化することは、たとえ個人や家庭内での利用でも著作権法違反です。